westermann

AF635223

PASSWORT LUPE

Auf jeden Fall leichter!

Erarbeitet von
Ursula Emanuel
Nicole Schlinkhoff

Auf der Grundlage des PASSWORT LUPE Arbeitsheft 4, erarbeitet von
Olesia Belenko
Ursula Emanuel
Marie-Claire Kirchhoff
Kerstin Schöning

Illustriert von
Cesare Asaro
Matthias Berghahn
Michael Stapper
Zapf

4

Arbeitsheft
FÖRDERN

PASSWORT
LUPE

Arbeitsheft 4
Fördern

Erarbeitet von
Ursula Emanuel, Nordstemmen
Nicole Schlinkhoff, Osnabrück

Auf der Grundlage des PASSWORT LUPE Arbeitsheft 4, erarbeitet von
Olesia Belenko, Osnabrück
Ursula Emanuel, Nordstemmen
Marie-Claire Kirchhoff, Koblenz
Kerstin Schöning, Offenburg

Illustriert von
Cesare Asaro, Wien
Matthias Berghahn, Bielefeld
Michael Stapper, Berlin
Zapf, Wien

Textquelle: S. 41 Paul Maar – *Sägen sägen* – Aus: Hans-Joachim Gelberg (Hrsg.): Überall und neben dir. © 1986, 1989 Beltz Verlag, Weinheim und Basel

Bildquellen: |Asaro, Cesare, Wien: 2.4, 6.2, 6.3, 6.5, 6.6, 8.1, 9.1, 9.2, 10.1, 10.2, 10.3, 10.4, 10.5, 10.6, 11.1, 11.2, 12.1, 12.2, 12.3, 12.4, 13.1, 13.2, 13.3, 13.5, 14.1, 14.2, 14.3, 14.4, 15.1, 15.2, 15.3, 15.4, 15.7, 15.8, 15.9, 15.10, 16.1, 16.2, 16.3, 16.4, 16.5, 17.1, 17.2, 17.3, 17.4, 17.5, 17.6, 17.7, 18.1, 18.2, 18.3, 18.4, 18.5, 18.6, 18.7, 18.8, 19.1, 19.2, 19.3, 19.4, 19.5, 19.6, 19.7, 19.8, 20.1, 21.1, 21.2, 21.3, 21.4, 21.5, 22.1, 24.1, 24.2, 24.3, 25.2, 25.3, 25.4, 25.5, 25.6, 26.1, 26.2, 26.3, 27.1, 27.2, 28.1, 28.2, 28.3, 28.4, 28.5, 28.8, 29.1, 29.2, 29.3, 29.4, 30.1, 30.2, 30.3, 30.4, 30.5, 30.6, 30.7, 31.1, 31.2, 32.1, 32.2, 32.3, 32.4, 32.5, 32.6, 32.8, 33.1, 34.1, 36.2, 38.1, 40.1, 41.9, 41.10, 42.1, 43.1, 43.2, 44.2, 46.1, 47.1, 47.2, 47.3, 48.1, 48.2, 49.1, 49.2, 49.3, 50.1, 50.2, 50.3, 50.4, 52.1, 52.2, 52.3, 53.1, 53.2, 53.3, 53.4, 53.5, 53.6, 53.7, 53.8, 53.9, 54.1, 54.2, 55.1, 56.1, 56.2, 56.3, 57.1, 57.2, 57.3, 57.4, 57.5, 57.6, 57.7, 57.9, 57.10, 57.11, 57.12, 58.1, 58.2, 58.3, 58.4, 58.5, 59.1, 59.5, 59.6, 59.7, 60.3, 61.1, 61.3, 62.1, 62.13, 62.14, 62.15, 63.1, 63.2, 63.3, 64.1, 64.2, 65.1, 65.2, 66.1, 66.2, 66.3, 66.4, 68.1, 70.1, 70.2, 70.3, 70.5, 72.1, 72.2, 72.3, 72.4, 72.5, 72.6, 72.7, 72.8, 72.9, 72.10, 73.1, 73.2, 73.3, 73.4, 74.1, 74.2, 75.1, 75.2, 75.7, 75.8, 75.9, 75.10, 75.11, 75.12, 75.13, 75.14, 76.1, 76.2, 76.3, 76.4, 77.1, 77.2, 77.3, 78.1, 79.1, 79.2, 79.3, 79.4, 79.5, 80.1, 82.1, 84.1, 84.2, 85.1, 85.2, 85.3, 85.4, 85.5, 86.1, 86.2, 87.1, 87.2, 88.1, 88.2, 88.3, 89.1, 89.2, 89.3, 90.1, 90.2, 90.3, 90.4, 91.1, 91.2, 91.3, 91.4, 91.5, 91.6, 91.7, 92.1, 92.2, 92.3, 92.4, 92.5, 92.6, 93.1, 93.2, 93.3, 93.4, 93.5, 93.6, 93.7, 93.8, 93.9, 93.10, 93.11, 93.12, 93.13, 93.14, 93.15, 93.16, 94.1. |Berghahn, Matthias, Bielefeld: 13.4, 13.6, 14.5, 14.6, 15.5, 15.6, 15.11, 15.12, 15.13, 15.14, 15.15, 15.16, 15.17, 15.18, 16.6, 22.2, 23.1, 23.2, 23.3, 23.4, 27.3, 27.4, 28.6, 28.7, 32.7, 32.9, 32.10, 32.11, 32.12, 32.13, 32.14, 34.2, 34.3, 34.4, 39.1, 39.2, 39.3, 39.4, 39.5, 41.1, 41.2, 41.3, 41.4, 41.5, 41.6, 41.7, 41.8, 43.3, 45.1, 54.3, 57.8, 59.2, 59.3, 59.4, 60.1, 60.4, 60.5, 60.6, 60.7, 60.8, 60.9, 60.10, 60.11, 60.12, 62.2, 62.3, 62.4, 62.5, 62.6, 62.7, 62.8, 62.9, 62.10, 62.11, 62.12, 68.2, 68.3, 68.4, 68.5, 68.6, 68.7, 68.8, 68.9, 68.10, 68.11, 68.12, 68.13, 68.14, 68.15, 68.16, 68.17, 68.18, 68.19, 68.20, 68.21, 68.22, 69.1, 69.2, 69.3, 69.4, 69.5, 70.4, 75.3, 75.4, 75.5, 75.6, 79.6, 79.7, 79.8, 79.9, 81.1, 96.1. |Holzapfel, Falk, Wien: Titel, Titel, 2.1, 2.2, 2.3, 6.1, 6.4, 61.2, 94.2, 94.3, 94.4. |Schöning, Kerstin: 36.1. |Stapper, Michael, Berlin: 44.1, 60.2. |stock.adobe.com, Dublin: lorabarra 25.1.

Druck A[2] / Jahr 2025
Alle Drucke der Serie A sind im Unterricht parallel verwendbar.

Redaktion: Christin Bußhoff
Gesamtlayout: blum design und kommunikation GmbH, Hamburg
Umschlaggestaltung: blum design und kommunikation GmbH, Hamburg; mit Illustrationen von Zapf
Layout: PER Medien, Braunschweig
Druck und Bindung: Westermann Druck GmbH, Georg-Westermann-Allee 66, 38104 Braunschweig

ISBN 978-3-14-**141529**-2

INHALT

INHALT

Hier abstempeln

Hier abstempeln

Hier abstempeln

Hier abstempeln

Das sind wir ...

Ich heiße Elsa.
Mein kleiner Hund Uno
folgt mir auf Schritt
und Tritt – außer wenn
ich in die Schule gehe.
Dann bleibt er natürlich
zu Hause.

Hallo, ich heiße Lulu.
Meine Hobbys sind
Malen und Judo.
Außerdem macht es mir Spaß,
spannende Rätsel zu lösen
und Neues zu entdecken.

Hi, ich bin Paul.
Ich finde gern heraus,
wie Dinge funktionieren.
Das hilft uns auch manchmal
bei unseren Fällen.
Meine allerbeste Freundin
ist meine Hündin Murmel.

Hallo, ich bin Umut!
Ich erzähle voll gern
Geschichten – besonders
über unsere Detektivabenteuer.
Unsere Fälle sind nämlich
oft richtig cool!

Kapitel 1

leben – lernen – respektieren

1 Was interessiert dich?
Worüber möchtest du dich genauer informieren?
Kreuze an oder schreibe auf.

- [ ] Fußball
- [ ] Katzen
- [ ] Musik
- [ ] Pferde
- [ ] Autos
- [ ] Computerspiele
- [ ] Tanzen
- [ ] Dinos
- [ ] ______________________________

2 Wo kannst du Informationen zu deinem Thema finden?
Kreuze an oder schreibe auf.

- [ ] im Internet
- [ ] in einem Sachbuch
- [ ] in einem Lernvideo
- [ ] in einer Zeitschrift
- [ ] im Gespräch mit anderen
- [ ] in einer Ausstellung
- [ ] ______________________________

3 Wie kannst du andere über dein Thema informieren?
Kreuze an oder schreibe auf.

- [ ] mit einem Plakat
- [ ] mit einem Referat
- [ ] mit einem Erklärvideo
- [ ] mit einem Lapbook
- [ ] ______________________________

Wörter üben

1 Kreise die Nomen mit Artikel ein und schreibe sie.

Du erkennst die Nomen an der Großschreibung und am Artikel.

~~das Beispiel~~	die Medien	sammeln	das Gefühl
das Band	informieren	die Antwort	das Lexikon
wissen	das Internet	das Thema	die Quelle

das Beispiel,

2 Schreibe die 3 Verben, die übrig geblieben sind.

3 Schreibe die Adjektive nach dem ABC geordnet.

krumm	interessant	ungefähr	wichtig
~~ähnlich~~	richtig	häufig	schwierig

ähnlich,

4 Welches Wort ist gemeint? Schreibe und markiere deine Lupenstellen.

die Quelle
das Thema
das Gefühl
ungefähr

das Nomen mit **Th**: ______

das Nomen mit **üh**: ______

das Nomen mit **Qu**: ______

das Wort mit **äh**: ______

Einen Sachtext planen und Notizen nutzen

1 Lies die Fragen und die Informationen, die Umut beim Recherchieren gefunden hat.

1. Was ist ein Computer?
2. Wer war der Erfinder des Computers?
3. Wann wurde der Computer erfunden?
4. Was bedeutet die Abkürzung PC?

Der Computer ist eine Rechenmaschine, die etwas aus Daten berechnet oder Daten bearbeitet. Man kann mit ihm schreiben, lernen, spielen oder Musik hören. Der Erfinder des Computers war Conrad Zuse. Im Jahr 1938 wurde der Computer erfunden. Aber erst 40 Jahre später gab es Computer, die man sich auf den Tisch stellen konnte. Jeder Computer besteht aus mehreren Teilen. Diese nennt man Hardware und Software. Der Computer wird abgekürzt oft auch PC genannt. Die Abkürzung PC bedeutet Personal Computer.

2 Wo stehen die Informationen zu Umuts Fragen? Unterstreiche sie in der passenden Farbe.

3 Umut hat sich Notizen gemacht. Schreibe aus den Notizen einen eigenen Sachtext über den Computer. Schreibe in ganzen Sätzen.

Notizen	
– Rechenmaschine, berechnet etwas aus Daten und bearbeitet Daten	Zu 1: Der Computer ist eine Rechenmaschine. Sie berechnet etwas aus Daten und bearbeitet Daten.
– Erfinder: Conrad Zuse	Zu 2:
– 1938 erfunden	Zu 3:
– Abkürzung für PC: Personal Computer	Zu 4:

Nomen kennen

Nomen haben einen **Artikel**: **der** Schmetterling.

Nomen können in der **Mehrzahl** stehen: viele **Motorräder**.

Vor Nomen kann ich ein **Schiebewort** setzen: die **liebe** **Schwester**.

Du kannst das Schiebewort **schöne** nehmen oder dir selbst eins ausdenken.

1 Schreibe die fehlenden Nomen die Tabelle.

Artikel und Nomen	Artikel und Einzahl / Artikel und Mehrzahl	Schiebewortprobe
der Schirm	der Schirm / die Schirme	
die Zeitung		die interessante Zeitung
das Motorrad		
	der Schmetterling / die Schmetterlinge	
		das große Buch
	die Schwester / die Schwestern	

2 Kreise die Nomen ein. Es sind insgesamt 6 Nomen.

(ZAHN) VIELLEICHT FAHRRAD EHRLICH STIFT

VIELE PALME QUELLE HUND KLEIN

3 Welche Nomen haben keine Mehrzahl? Kreuze an.

- [x] Eis
- [ ] Tisch
- [ ] Milch
- [ ] Schultasche
- [ ] Detektiv
- [ ] Regen
- [ ] Brot
- [ ] Schnee

› Merkmale von Nomen kennen und anwenden
› grammatisches Wissen für die Rechtschreibung nutzen

› Sprachbuch, Seite 10, 11

Pronomen kennenlernen

1 Lies die Rätsel und verbinde mit der richtigen Lösung.

Sie regelt den Verkehr mit Leuchtsignalen. Sie leuchtet rot, grün oder orange. Es gibt sie für Fußgänger, für Autos und Radfahrer.	Er zeigt die Himmelsrichtungen an. Er hat einen beweglichen Zeiger. Er hilft Menschen, den richtigen Weg zu finden.	Sie löst den Schmutz auf unserem Körper. Schon vor vielen tausend Jahren nutzte man sie im Orient, um sich zu waschen.
Kompass	Seife	Ampel

2 Lies und schreibe die passenden Pronomen in die Lücken.
Achte auf die Großschreibung am Satzanfang.

Das sind **Pronomen**:
ich
du
er/sie/es
wir
ihr
sie

Morgen besuche ich meine Großeltern. Sie (Ich/Sie) haben ein schönes Haus.

Das Haus hat viele Fenster. ________ (Ich/Sie) haben grüne Klappläden.

Mein Bruder und ich sind gern dort. ________ (Er/Wir) lieben unsere Großeltern sehr.

Wir spielen am liebsten im Garten. ________ (Er/Ihr) ist riesig.

Oma backt dann einen Kuchen. ________ (Ich/Sie) ist die beste Kuchenbäckerin.

Opa hat eine Werkstatt. Dort bastelt ________ (er/sie) mit uns viele Dinge aus Holz.

Nomen kennen: Geschlecht

1 Schreibe die männlichen, weiblichen und sächlichen Nomen mit Artikel geordnet auf.

~~der Räuber~~ das Geld die Lupe der Beweis das Versteck das Seil die Beute der Täter die Polizistin

männlich	weiblich	sächlich
der Räuber	die	das

2 Lies die Sätze. Setze ein passendes Nomen aus dem Kasten ein.

die Polizistin ~~der Täter~~ das Geld der Detektiv

Der Täter ______ eilte schnell davon. Er trug eine dunkle Jacke.

______ musste versteckt sein. Es war nicht aufzufinden.

______ eilte schnell herbei. Sie nahm die Verfolgung auf.

______ unterstützt die Polizistin. Er kennt sich gut aus.

3 Setze die Pronomen richtig ein.

sie er er sie

Liebe Lulu,

möchtest du heute mit mir Eis bei Paolo essen gehen?

Du weißt, ______ macht das beste Eis der Stadt. Elsa kommt auch mit. ______ freut sich schon darauf. Neben der Eisdiele gibt es einen neuen Laden. ______ hat tolle Klamotten. Dann könnten wir auch die grünen Turnschuhe kaufen. ______ gefallen mir doch so gut!

› Merkmale von Nomen kennen: Geschlecht
› sprachliche Operationen kennen und nutzen: Ersetzen
› grundlegende sprachliche Begriffe kennen: Geschlecht

› Sprachbuch, Seite 13

Männliche Nomen kennen: Fälle bestimmen

- Nominativ-Fall: Der Dieb wartet auf mich.
- Akkusativ-Fall: Ich sehe den Dieb.
- Dativ-Fall: Ich begegne dem Dieb.
- Genitiv-Fall: Die Freude des Diebs ist riesig.

Der **Artikel** verändert sich in den 4 Fällen: **der, den, dem, des.**

1 Verbinde die Fälle mit dem passenden Satz.

Nominativ-Fall ○	○ Ich begegne **dem Dieb.**
Akkusativ-Fall ○	○ **Der Dieb** wartet auf mich.
Dativ-Fall ○	○ Die Freude **des Diebs** ist riesig.
Genitiv-Fall ○	○ Ich sehe **den Dieb.**

2 Ergänze die Sätze mit dem Nomen **Hamster.** Kreise die Artikel ein.

~~der Hamster~~
des Hamsters
dem Hamster
den Hamster

Nominativ-Fall: (Der) Hamster wartet auf mich.

Akkusativ-Fall: Ich sehe ____________________.

Dativ- Fall: Ich begegne ____________________.

Genitiv-Fall: Die Freude ____________________ ist riesig.

3 Vergleiche die Sätze mit der Fallprobe. Verbinde die Sätze mit dem richtigen Fall.

Der Räuber schleicht unauffällig über den Markt. ○	○ Akkusativ-Fall Ich sehe **den Räuber.**
Die Kappe **des Räubers** ist schwarz. ○	○ Nominativ-Fall **Der Räuber** wartet auf mich.
Dem Räuber fällt die Uhr des Mannes auf. ○	○ Genitiv-Fall Die Freude **des Räubers** ist riesig.
Die Detektive beobachten **den Räuber.** ○	○ Dativ-Fall Ich begegne **dem Räuber.**

› Sprachbuch, Seite 14

Weibliche Nomen kennen: Fälle bestimmen

- Nominativ-Fall: Die Oma wartet auf mich.
- Akkusativ-Fall: Ich sehe die Oma.
- Dativ-Fall: Ich begegne der Oma.
- Genitiv-Fall: Die Freude der Oma ist riesig.

Der **Artikel** verändert sich in den 4 Fällen: **die, die, der, der.**

1 Verbinde die Fälle mit dem passenden Satz.

Nominativ-Fall ○	○ Ich sehe **die Oma.**
Akkusativ-Fall ○	○ **Die Oma** wartet auf mich.
Dativ-Fall ○	○ Die Freude **der Oma** ist riesig.
Genitiv-Fall ○	○ Ich begegne **der Oma.**

2 Ergänze die Sätze mit dem Nomen **Köchin.** Kreise die Artikel ein.

~~die Köchin~~
der Köchin
die Köchin
der Köchin

Nominativ-Fall: Die Köchin wartet auf mich.

Akkusativ-Fall: Ich sehe ______________________.

Dativ- Fall: Ich begegne ______________________.

Genitiv-Fall: Die Freude ______________________ ist riesig.

3 Vergleiche die Sätze mit der Fallprobe.
Verbinde die Sätze mit dem richtigen Fall.

Die Detektivin verfolgte unauffällig die Verdächtige. ○

Die Taschenlampe **der Detektivin** funktionierte nicht. ○

Die Verdächtige entwischte bisher jedes Mal. ○

Die Spur **der Verdächtigen** führte oft ins Leere. ○

○ Nominativ-Fall
○ **Die Zeugin** wartet auf mich.

○ Genitiv-Fall
○ Die Freude **der Zeugin** ist riesig.

› Merkmale von Nomen kennen: Fall
› sprachliche Operationen kennen und nutzen: Einsetzen
› grundlegende sprachliche Begriffe kennen: Fall

› Sprachbuch, Seite 15

(Sächliche) Nomen kennen: Fälle bestimmen

- Nominativ-Fall: **Das Mädchen** wartet auf mich.
- Akkusativ-Fall: Ich sehe **das Mädchen**.
- Dativ-Fall: Ich begegne **dem Mädchen**.
- Genitiv-Fall: Die Freude **des Mädchens** ist riesig.

Der **Artikel** verändert sich in den 4 Fällen: **das, das, dem, des.**

1 Verbinde die Fälle mit dem passenden Satz.

Nominativ-Fall ○	○ Ich sehe **das Mädchen.**
Akkusativ-Fall ○	○ **Das Mädchen** wartet auf mich.
Dativ-Fall ○	○ Die Freude **des Mädchens** ist riesig.
Genitiv-Fall ○	○ Ich begegne **dem Mädchen.**

2 Ergänze die Sätze mit dem Nomen **Kamel.** Kreise die Artikel ein.

~~das Kamel~~
dem Kamel
des Kamels
das Kamel

Nominativ-Fall: (Das) Kamel wartet auf mich.

Akkusativ-Fall: Ich sehe ______________________.

Dativ- Fall: Ich begegne ______________________.

Genitiv-Fall: Die Freude ____________________ ist riesig.

- Nominativ-Fall: **Die Hühner** warten auf mich.
- Akkusativ-Fall: Ich sehe **die Hühner**.
- Dativ-Fall: Ich begegne **den Hühnern**.
- Genitiv-Fall: Die Freude **der Hühner** ist riesig.

Der **Artikel** verändert sich in den 4 Fällen: **die, die, den, der.**

3 Ergänze die Sätze mit dem Nomen **Menschen.** Kreise die Artikel ein.

~~die Menschen~~
den Menschen
der Menschen
die Menschen

Nominativ-Fall: (Die) Menschen warten auf mich.

Akkusativ-Fall: Ich sehe ______________________.

Dativ- Fall: Ich begegne ______________________.

Genitiv-Fall: Die Freude ____________________ ist riesig.

› Sprachbuch, Seite 16, 17

Nomen erkennen und großschreiben

Der dieb flieht durch die gassen in sein versteck.

1 Schreibe vor das letzte Wort jedes Satzgliedes das Schiebewort tolle/tollen/tolles. Schreibe die Nomen groß. Kreise die Nomen ein.

Der tolle (Dieb) | flieht | durch die tollen ______

in sein ______ ______.

2 Schreibe vor das letzte Wort jedes Satzgliedes das Schiebewort tolle/toller/tollen/tolles. Schreibe die Nomen groß.

Achtung, finde die Fehler!

Der dieb | erbeutete | eine armbanduhr.

Der tolle Dieb erbeutete eine ______ A______.

Ein mann | beschrieb | den täter.

Ein ______ ______ beschrieb den ______ ______.

Eine polizistin | schrieb | die zeugenaussage | in ihr notizbuch.

Eine ______ ______ schrieb die ______

______ in ihr ______ ______.

3 Führe die Schiebewortprobe durch. Schreibe den Satz richtig auf.

die ... detektive | schreiben | nach einem ... fall | einen ... bericht | auf.

______

______

› Merkmale von Nomen kennen und anwenden
› grammatisches Wissen für die Rechtschreibung nutzen
› Rechtschreibstrategien verwenden: Schiebewortprobe

› Sprachbuch, Seite 18

Nomen erkennen und großschreiben

1 Lies die Sätze. Kreise in den rot gedruckten Wörtern in Umuts Sätzen den Großbuchstaben ein.

- [ ] Wir lösen gern knifflige Fälle.
- [x] Für das Lösen der Fälle brauchen wir eine Detektivausrüstung.

- [ ] Die Hunde verfolgen viele Spuren.
- [ ] Das Verfolgen der Spuren übernehmen Murmel und Uno.

- [ ] Zusammen sammeln wir viele Hinweise.
- [ ] Das Sammeln von Hinweisen macht uns großen Spaß.

2 In welchen Sätzen kannst du vor die rot gedruckten Wörter ein Schiebewort setzen? Kreuze an.

Manchmal werden Verben auch als Nomen verwendet. Dann schreibt man sie groß.

3 Mache bei jedem Satz die Schiebewortprobe mit **genaue**.
Schreibe die Wörter richtig auf.

[~~genaue~~] Wir ___schreiben___ zu jedem Fall einen eigenen Bericht.
~~Schreiben~~/schreiben

[genaue] Das ____________________ von Berichten gehört auch zur Detektivarbeit.
Schreiben/schreiben

[ ] Davor ____________________ wir gemeinsam nochmal unsere Arbeit.
Besprechen/besprechen

Manchmal bringt uns das [ ] ____________________ auf neue Ideen.
Besprechen/besprechen

Nomen erkennen und großschreiben

1 Lies die Sätze. Kreise in den rot gedruckten Wörtern in Lulus Sätzen den Großbuchstaben ein.

- [ ] Meine Hündin Murmel ist sehr treu.
- [x] Die Treue von Murmel ist beeindruckend.

- [ ] Ihr Fell ist sehr dicht.
- [ ] Die Dichte von Murmels Fell gefällt mir sehr.

- [ ] Murmels Halsband ist rot.
- [ ] Das Rot des Halsbandes ist schon von Weitem sichtbar.

2 In welchen Sätzen kannst du vor die rot gedruckten Wörter ein Schiebewort setzen? Kreuze an.

3 Mache bei jedem Satz die Schiebewortprobe mit **helle**. Schreibe die Wörter richtig auf.

Unos Leine ist ______________________.
gelb/Gelb

Das ______________________ der Leine leuchtet auch im Dunkeln.
gelb/Gelb

Der Anhänger an Murmels Halsband ist ______________________.
grün/Grün

Das ______________________ des Anhängers ist meine Lieblingsfarbe.
grün/Grün

› Merkmale von Nomen kennen und anwenden
› grammatisches Wissen für die Rechtschreibung nutzen
› Rechtschreibstrategien verwenden: Schiebewortprobe

› Sprachbuch, Seite 19

Wörter nachschlagen

1 Schreibe die Wörter an der richtigen Stelle in die Wörterlisten.

Schild · schenken · ~~sagen~~ · Schal

die	**Sache**
	sagen
der	**Sand**
der	**Satz**
der	______
der	**Schalter**
	______
	schieben
	schief
das	______

	sehr
	______
	singen
	______
der	**Sommer**
die	**Sonne**
der	______
das	**Spiel**
der	**Spieß**
die	______

Spitze · sitzen · seltsam · Spaß

2 Die rot unterstrichenen zusammengesetzten Nomen sind falsch. Vergleiche mit der Wörterliste und schreibe sie richtig auf.

Achtung, finde die Fehler!

~~der Teddibär~~
die Teaterbühne
die Lernteke
der Tiegerkäfig

die	**Tafel,** die Tafeln
die	**Taube,** die Tauben
der	**Teddy,** die Teddys
der	**Teller,** die Teller
	teuer, teurer, am teuersten
das	**Theater,** die Theater
die	**Theke,** die Theken
der	**Tiger,** die Tiger

der Teddybär

______

______

______

3 Bei welchem Verb musst du diese Personalformen in der Wörterliste nachschlagen? Schreibe.

schlafen · rufen · blasen · sein · hängen · mögen

magst ______ rief ______ blies ______

hing ______ schlief ______ ist ______

Sachtexte überarbeiten

Notizen

Was heißt CD?	→ Compact Disc
Wofür benutzt man eine CD?	→ zum Abspeichern vieler Daten, wie Musik oder Fotos
Wie sieht eine CD aus?	→ glänzende, runde Scheibe mit einem Loch in der Mitte
Aus was besteht die CD?	→ aus Plastik
Seit wann gibt es die CD?	→ seit 1980

1 Lulu hat mit den Notizen einen Sachtext über die CD geschrieben.
Lies Lulus Sachtext.

Die Abkürzung CD steht
für Compact Disc.
Sie ist ganz dünn.
Die CD gibt es seit 1980.
Mama hat ganz viele CDs.

2 Lulus Sachtext ist noch nicht vollständig. Eine Information ist überflüssig.
Schreibe den Sachtext mithilfe von Lulus Notizen verbessert auf.
Die Farben helfen dir dabei.

Die Abkürzung CD steht für Compact Disc.

Man benutzt die CD ______________________________.

Die CD sieht aus wie ______________________________

______________________________.

Sie besteht ______________________________.

Die CD gibt es seit 1980.

› verständlich, strukturiert und adressatengerecht schreiben
› Texte an der Schreibaufgabe überprüfen
› Texte selbstständig überarbeiten

› Sprachbuch, Seite 22, 23

UNTER DER LUPE

N↑ M

1 Die rot unterstrichenen Wörter sind falsch.
Schreibe sie richtig auf. Die Schiebewortprobe hilft dir.

Achtung, finde die Fehler!

tolle

Die erfindung des Kühlschranks war für die Menschen ein fortschritt.

Erfindung

~~schöne~~

Früher Kühlten die Menschen ihre lebensmittel nur kurz im Keller oder in Eisschränken.

kühlten

Heute gibt es zum glück den Kühlschrank, um die haltbarkeit der Lebensmittel zu verlängern.

Der Kühlschrank Arbeitet mit einer pumpe und einem Motor.

2 Schreibe den Satz richtig auf.
Im Satz müssen 5 Wörter großgeschrieben werden.

Achtung, finde die Fehler!

im gefrierfach | lagern | die menschen | im sommer | gern | eis

UNTER DER LUPE

1 Bilde eine Wortfamilie mit Wörtern zum Wortstamm **KÜHL** . Schreibe.

Ich kombiniere den Wortstamm mit Wortbausteinen und anderen Wörtern.

verkühlen, Kühlakku, ______________________________

____

____

____

____

2 Schreibe passende Pronomen für die blauen Wörter.

In den Kühlschrank gehören Milch, Käse und Fleisch, denn ______ verderben leicht. Auch Wurst muss man im Kühlschrank lagern, damit ______ nicht schlecht wird. Der Kühlschrank ist eine tolle Erfindung. ______ sorgt dafür, dass Lebensmittel länger haltbar sind. Die meisten Menschen haben einen Kühlschrank. ______ können sich ein Leben ohne Kühlschrank nicht mehr vorstellen. Es ist wichtig, dass es im Kühlschrank kalt ist. Daher sollte ______ gut eingestellt sein.

3 Überprüfe. In welchem Fall steht das Nomen in den Sätzen? Verbinde.

Nominativ-Fall ○

Akkusativ-Fall ○

Dativ-Fall ○

Genitiv-Fall ○

○ **Den Kühlschrank** findet man in jedem Haus.

○ **Der Kühlschrank** macht die Lebensmittel lange haltbar.

○ Deswegen bewahren die Menschen ihre Lebensmittel in **dem Kühlschrank** auf.

○ Die Temperatur **des Kühlschranks** liegt etwa bei zwei bis acht Grad.

› Rechtschreib- und Grammatikwissen anwenden
› grundlegende sprachliche Begriffe und Strukturen kennen

› Sprachbuch, Seite 24, 25

Kapitel 2

essen – bewegen – genießen

1 Was hast du schon einmal gebastelt oder gebaut? Schreibe auf.

2 Was hast du dafür gebraucht? Schreibe auf.

3 Woher wusstest du, wie du vorgehen musst? Kreuze an oder schreibe auf.

- ☐ Bastelanleitung
- ☐ Erklärvideo
- ☐ ausprobiert
- ☐ Erklärung von jemandem
- ☐

Wörter üben

1 Ordne die Wörter nach dem ABC.

Konserve ziehen verrühren ~~fühlen~~ Länge	einfüllen Druck Kaffee schütten balancieren
fühlen	______
die ______	der ______
die ______	______
______	der ______
______	______

2 Lies und setze passende Wörter ein.

Material Ballon ~~Fest~~ Chor barfuß Erfolg Kastanien

Elsa und Umut stellen Jonglierbälle für das Fest her.

Sie brauchen verschiedenes ______. Umut zieht die Öffnung vom ______ auseinander. Dann füllt Elsa den Sand ein. Wenn man fühlt, dass der Ball fest ist, kann man gut damit jonglieren. Lulu schüttet Steine und ______ in Holzkisten. Dann ziehen die Kinder die Schuhe aus und gehen ______ über den Pfad. Der ______ und das Theater haben viel ______ auf dem Fest.

2 Welches Wort ist gemeint?
Schreibe die Nomen mit Artikel und markiere deine Lupenstellen.

das Verb mit **j**: ______

das Nomen mit **Th**: ______

das Nomen mit **Pf**: ______

das Nomen mit **ll**: ______

der Pfad
der Ballon
das Theater
jonglieren

Eine Anleitung planen und schreiben

1 Sieh dir das Bild zum Basteln von Dosenstelzen genau an.
Welche Materialien und Werkzeuge brauchst du?
Kreuze an.

- [ ] Konservendosen
- [ ] Flasche
- [ ] Paketband
- [ ] Hammer
- [ ] Dosenlocher
- [ ] Kleber

2 Überlege, wie du vorgehen musst.
Ordne die Bilder und schreibe 1 bis 3.

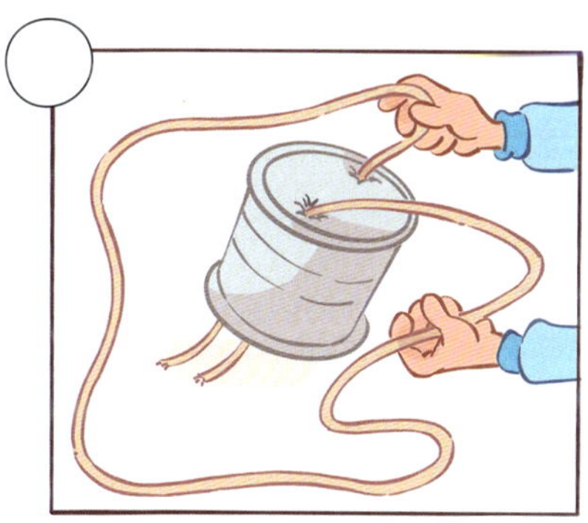

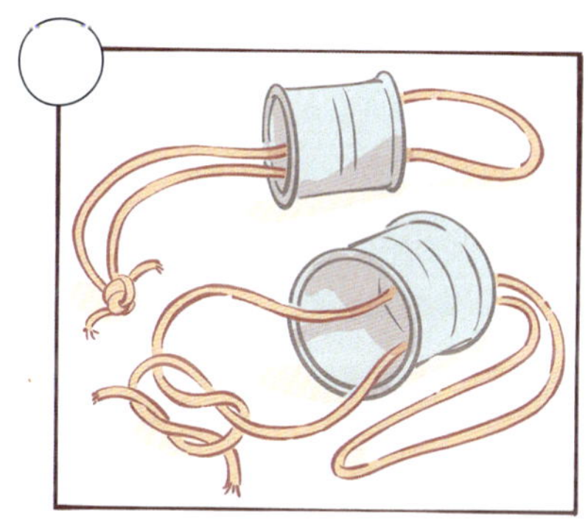

3 Schreibe eine Anleitung zum Basteln von Dosenstelzen.

So bastele ich Dosenstelzen

Zuerst mache ich

mit einem Dosenlocher ______________________________.

Dann schiebe ich die Bänder ______________________________

______________________________.

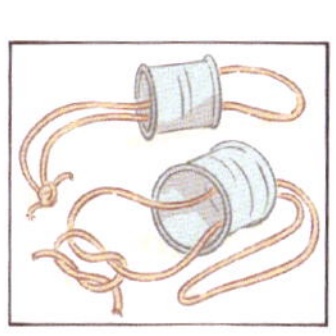

Zum Schluss ______________________________

______________________________.

› Sprachbuch, Seite 28, 29

Adjektive kennen: Vergleichsformen

1 Schau dir das Bild genau an. Was kannst du vergleichen? Schreibe auf.

älter	länger
schwerer	
kleiner	~~höher~~

Umuts Stelzen sind höher als Elsas Stelzen.

Uno ist ________ als Murmel.

Oma ist ________ ______ Sinan.

Die Einkaufstasche ist ________ ______ die Handtasche.

Pauls Hose ist ________ ______ als Elsas Hose.

2 Schreibe die Formen der Adjektive.

Grundform	1. Vergleichsform	2. Vergleichsform
lieb	lieber	am liebsten
schnell		
	dicker	
		am größten
lang		

3 Was gehört zusammen? Verbinde.

viel ○	○ höher ○	○ am höchsten
gut ○	○ mehr ○	○ am besten
hoch ○	○ besser ○	○ am meisten

› Sprachbuch, Seite 30

Adjektive zusammensetzen

Auch **zusammengesetzte Adjektive** schreibt man klein: staubtrocken.

1 Welcher Vergleich passt?
Bilde zusammengesetzte Adjektive und schreibe sie auf.

~~kalt wie eine Sonne~~ kalt wie Eis eiskalt	rund wie ein Onkel rund wie eine Kugel
klar wie Glas klar wie Papier	schnell wie ein Seil schnell wie ein Pfeil
hart wie Moos hart wie Stein	weich wie Butter weich wie Pappe

2 Finde weitere zusammengesetzte Adjektive. Verbinde und schreibe sie auf.

Wunder ○	○ schwer →	______
Blei ○	○ schön →	wunderschön
Kreide ○	○ fest →	______
Ofen ○	○ bleich →	______
Felsen ○	○ frisch →	______

3 Sag es genauer. Schreibe das Adjektiv.

Der Koffer ist ______________.
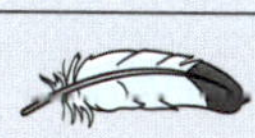 leicht

Der Frosch ist ______________.
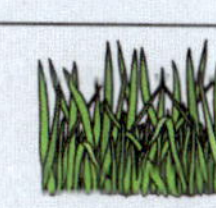 grün

4 Schreibe mit einem zusammengesetzten Adjektiv einen sinnvollen Satz.

____

____

Aufzählungen kennenlernen: Doppelpunkt, Komma

1 Was kann man in der Obst- und Gemüseabteilung kaufen?
Schreibe geordnet auf. Trenne die aufgezählten Wörter mit einem Komma.

Gemüse: Paprika,

Obst: Birnen,

2 Schreibe die Zutaten geordnet auf.

~~400 g Mehl~~	~~grüne Erbsen~~	feiner Zucker
1 Bund Suppengemüse	4 Kartoffeln	1 Päckchen Backpulver
6 Eier	frische Petersilie	250 g Butter

400 g Mehl,

grüne Erbsen,

3 Schreibe auf, was du dir am liebsten kaufen würdest.
Trenne die Wörter oder Wortgruppen mit einem Komma.

Meine Einkäufe:

10 Tüten Gummibärchen,

› grundlegende sprachliche Begriffe kennen: Aufzählung, Komma
› Zeichensetzung beachten

› Sprachbuch, Seite 32

Aufzählungen kennenlernen: Sätze, Komma

1 Lies die Sätze. Ersetze **und** an den richtigen Stellen durch ein **Komma**. Schreibe die Sätze richtig auf.

Beim Einkaufen auf dem Markt trifft Lulu ihren Lehrer ~~und~~ [,] ihre Nachbarin und ihre Freunde.

Beim Einkaufen auf dem Markt ______________________________

____

Am Blumenstand entscheidet Lulu sich für Rosen und [ ] Nelken und [ ] Lilien und Gräser.

Am Blumenstand ______________________________

____

Lulu will am Gemüsestand den Salat und [ ] die rote Paprika und [ ] frische Möhren und die leckeren Tomaten nehmen.

Lulu will am Gemüsestand ______________________________

____

2 Lies die E-Mail. Entscheide, wo ein **Komma** gesetzt werden muss und wo **und/oder** stehen müssen.

Liebe Oma,

ich freue mich schon so auf deinen Besuch!

Kommst du mit dem Auto __,__ (~~oder~~ / ,) mit dem Bus __oder__ (oder / ~~,~~) mit dem Zug?

Du kennst ja schon meine Freunde Lulu ____ (und / ,) Umut ____ (und / ,) Paul.

Wir wollen mit dir ins Schwimmbad ____ (oder / ,) in den Zoo ____ (oder / ,) ins Kino gehen. Kannst du uns wieder Spaghetti kochen ____ (und / ,) Pfannkuchen backen ____ (und / ,) Kakao zubereiten?

Viele Grüße
deine Elsa

Sätze verbinden: Konjunktionen

1 Verbinde immer 2 Sätze mit einer Konjunktion.
Schreibe die Sätze auf.

Wenn du 2 Sätze verbindest, setze ein **Komma vor die Konjunktion**. Die Stellung der Wörter im Satz verändert sich.

Ein Indiaca basteln

Ich zeichne einen Kreis auf den Stoff.
Ich kann den Kreis dann genau ausschneiden.

Ich zeichne einen Kreis auf den Stoff, weil ich ihn dann genau ausschneiden kann.

Ich lege den Jonglierball auf den Stoff. Ich habe den Kreis ausgeschnitten.

Ich lege den Jonglierball auf den Stoff, nachdem

Ich fasse den Stoff oben zusammen. Es entsteht ein Säckchen.

Ich fasse den Stoff oben zusammen,

Ich verschließe das Säckchen. Der Ball fällt nicht heraus.

Ich verschließe

In das Säckchen stecke ich Federn. Der Indiaca fliegt dann besser.

Ich klebe die Federn fest. Sie bleiben länger stecken.

› grundlegende sprachliche Begriffe kennen: Komma, Konjunktion
› Zeichensetzung im Satzgefüge beachten

› Sprachbuch, Seite 34

Sätze verbinden: Konjunktion dass

1 Lies, was die Kinder sagen.

2 Stell dir vor, du warst bei dem Gespräch dabei und berichtest davon. Schreibe das **Komma** und **dass.**

Paul befürchtet[,] dass er mit seinem Rollstuhl auf Waldwegen nicht fahren kann.

Lulu meint[ ] ________ es im Wald schön ist.

Umut behauptet[ ] ________ die Wege im Wald schlecht sind.

Elsa weiß[ ] ________ es im Wald auch befestigte Wege gibt.

3 Was meinst du zu Pauls Einwand? Schreibe Sätze mit **dass** auf und kreise (, dass) ein.

Ich finde(, dass) ________________________________

____

Ich glaube, dass ________________________________

____

Es stimmt, dass ________________________________

____

Ich weiß, dass ________________________________

____

› grundlegende sprachliche Begriffe kennen und verwenden: Komma, Konjunktion
› Zeichensetzung im Satzgefüge beachten

› Sprachbuch, Seite 35

Merkwörter üben

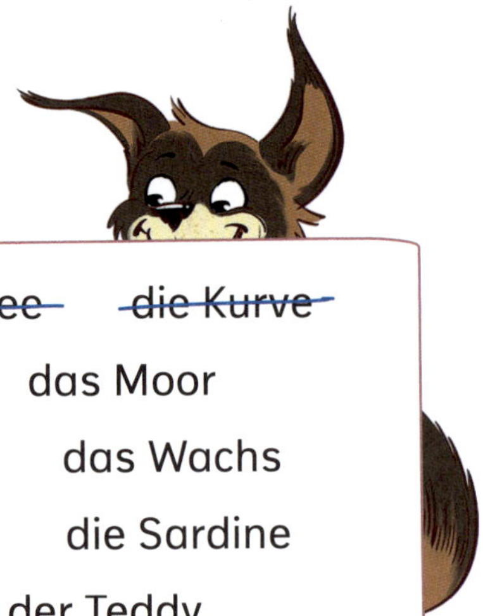

1 Schreibe die Wörter geordnet auf.

~~das Lexikon~~ ~~der Mais~~ ~~das Hobby~~ ~~der See~~ ~~die Kurve~~
~~der Fuchs~~ ~~die Kabine~~ die Apfelsine das Moor
der Verein die Beere der Hai die City das Wachs
der Boxer die Echse die Nixe der Mai die Sardine
das Haar der Kaiser der Vater der Teddy
die Lawine der Lachs das Video der Fischlaich das Paar

Ich weiß einen guten Merkspruch für Wörter mit **-ine**:

Drei Buchstaben reichen für Wörter mit **-ine**. Denk nur an die:

Merkwörter mit **V** und **v:** die Kurve, ______

Merkwörter mit **ai:** der Mais, ______

Merkwörter mit **-ine:** die Kabine, ______

Merkwörter mit **x:** das Lexikon, ______

Merkwörter mit **chs:** der Fuchs, ______

Merkwörter mit **aa, ee, oo:** der See, ______

Merkwörter mit **y:** das Hobby, ______

Ich überlege mir eine Merkhilfe für Wörter mit **ee, oo, aa**.

2 Schreibe die Merkwörter mit Artikel.

 die Kurve ______

 ______

 ______

 ______

 ______

 ______

› Rechtschreibwichtige Wörter normgerecht schreiben
› Rechtschreibstrategie verwenden: Merken

› Sprachbuch, Seite 36

Merkwörter mit ä/äu üben

1 Schreibe die Wörter geordnet auf.

~~enttäuschen~~ ~~die Säule~~ ~~spät~~ das Gerät das Märchen
schräg das Geländer sägen der Lärm dämlich
der Käse sich räuspern das Wollknäuel der Kapitän

3 Verben: enttäuschen, ______

8 Nomen: die Säule, ______

3 Adjektive: spät, ______

2 Lies die Rätselsätze. Schreibe die Lösungen auf.

der Bär das Känguru der Käfer der Käfig die Mähne

Ich trage meine Kinder im Beutel: ______

Ich bin ein Raubtier und halte Winterruhe: ______

Ich bin ein Insekt und habe sechs Beine: ______

Darin wohnen oft Tiere im Zoo: ______

Dies tragen manche Säugetiere auf dem Kopf: ______

3 Schreibe einen Quatsch-Satz mit den Wörtern von dieser Seite.

______

Merkwörter mit h üben

1 Lies die Merkwörter mit **h.** Kreise **hl** und **hm** farbig ein.

~~die Zahlen~~ ~~zahm~~ das Fohlen befehlen angenehm
hohl die Kohle nehmen prahlen die Sohle die Wahl

2 Schreibe die Wörter geordnet auf.

hl die Zahlen, ______________________

____

____

hm zahm, ______________________

3 Lies die Merkwörter mit **h.** Kreise **hr** und **hn** farbig ein.

~~der Zahn~~ ~~wahr~~ führen der Hahn dröhnen die Ehre
der Kahn die Lehrerin die Nahrung rühren bohren

4 Schreibe die Wörter geordnet auf.

hr wahr, ______________________

____

hn der Zahn, ______________________

5 Finde Reimwörter. Schreibe sie auf.

  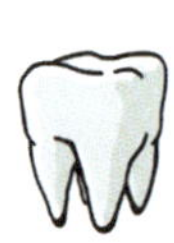

Hahn	**zahm**	**zahlen**
K______	l______	pr______
Z______	er n______	str______

› Rechtschreibwichtige Wörter normgerecht schreiben
› Rechtschreibstrategie verwenden: Merken

› Sprachbuch, Seite 38

Merkwörter mit Th/th und Ph/ph üben

1 Kreise **Ph/ph** in den Merkwörtern farbig ein. Schreibe die Wörter ab.

die Physik das Alphabet die Katastrophe
die Phase das Phantom der Pharao

2 Kreise **Th/th** in den Merkwörtern farbig ein. Schreibe die Wörter ab.

die Methode die Bibliothek der Thron
die Apotheke das Thema die Theke

3 Setze die passenden Wörter ein.

In einer B____________ kann ich Bücher ausleihen.

Im Sachunterricht beschäftigen wir uns mit dem T__________ Wald.

Wörter kann man nach dem A____________ ordnen.

Wörter zu unterstreichen, ist eine gute M____________.

Medizin kauft man in der A____________.

4 Wende den Gedächtnistrick **Fotografieren** an.
Decke die Wörter ab und schreibe sie auswendig.

Thermometer	Strophe	Mathematik

Eine Anleitung überarbeiten

1 Lies die Anleitung genau.

Achtung, finde die Fehler!

Bücherwürmer

Werkzeuge:
1 dicke Nadel, flüssiger Kleber und 1 wasserfester Stift

Materialien:
8 Perlen, 1 große Perle, Faden, einige Feder

vorsichtig
Fädle irgendwie eine kleine Perle auf

und knote sie am Ende des Fadens fest.

Fädle ungefähr sechs weitere Perlen auf.

Verknote deinen Faden unter der 6. Perle weiter oben,

damit ein Abstand zur letzten Perle entsteht.

Mach dann die große Holzperle dran und

befestige sie ganz oben mit einem komischen Knoten.

Knote am oberen Ende des Fadens noch eine kleine Perle fest.

Male vielleicht auf die große Holzkugel

mit dem Stift Augen Nase Mund für den Wurm.

Verziere den Kopf zuletzt mit Federn.

2 Überarbeite die Anleitung. Schreibe deine Verbesserungen zwischen die Zeilen.

Achte auf die Genauigkeit und auf die Aufzählungen.

UNTER DER LUPE

1 Die rot unterstrichenen Wörter sind falsch.
Achte auf die Rechtschreibung. Schreibe die Wörter richtig.

Achtung, finde die Fehler!

Elsa und Paul kochen gesunden Eiste, weil Paul ______

nach dem Träning immer durstig ist. ______

Sie brauchen frische Minze, naturtrühben Apfelsaft, ______

Zitronensaaft und Eiswürfel. Sie gießen ______

kochendes Wasser ein und lassen den Te ziehen. ______

2 Die rot unterstrichenen Stellen sind falsch.
Achte auf die Rechtschreibung und die Kommas.
Schreibe die Sätze richtig darunter.

Achtung, finde die Fehler!

Dann gießen sie den Tee durch ein Sieb und warten daraufdass er kül ist.

______

______

Zum Schluss gehben die Kinder Apfelsaft Zitronensaft und Eiswürfel dazu.

______

______

Die Kinder meinen dass Eistee genauso lecker schmeckt wie Saft.

______

______

1 Lies die Sätze. Welche Konjunktion passt? Streiche die falsche durch.

Elsa will Eistee kochen, | sodass | weil | Paul durstig ist.

Elsa und Paul kochen Wasser, | weil | damit | sie damit die Minze übergießen können.

Elsa und Paul geben Eiswürfel dazu, | weil | sodass | der Tee abkühlen kann.

2 Welche Strategien musst du anwenden? Male die passenden Strategiesymbole.

der März, der Kapitän, das Känguru, das Märchen, die Säule, der Lärm

die Häuser, die Räume, die Äpfel, die Bäume, die Mäuse, die Hände

3 Schreibe nur die Merkwörter auf.

4 Finde die Fehler. Verbessere die Großschreibung mit der Schiebewortprobe. Schreibe die Sätze richtig auf.

Achtung, finde die Fehler!

im schönen Wald

Elsa entdeckt im wald den sinnespfad.

Ihr macht das ertasten von Baumrinden spaß.

› Rechtschreib- und Grammatikwissen anwenden
› Großschreibung im Satz mit Hilfe der passenden Strategie ermitteln

› Sprachbuch, Seite 42, 43

Kapitel 3

beobachten – verstehen – schützen

☐ **Tauschtiere**

Krokogator und Allidil
trafen sich am großen Nil.
Feldschnecke und
Weinbergmaus
blieben lieber brav Zuhaus'.

Regenente und Wildwurm
trafen sich am großen Turm.
Dromehund und Wüstendar
trinken Saft in einer Bar.

☐ die Rose
die schöne Rose
die schöne, gelbe Rose
piekst
durch meine Hose

☐ Kräht der Hahn auf dem Mist,
ändert sich's Wetter, oder es bleibt, wie es ist.

1 Lies die Gedichte.
Welches Gedicht gefällt dir am besten? Kreuze an.

2 Was gefällt dir an dem Gedicht?
Kreuze an oder schreibe.

☐ Es ist witzig. ☐ Es ist kurz.

☐ Es reimt sich. ☐ Ich mag das Thema Natur.

☐ Ich kann mir alles gut vorstellen.

☐ Man muss ein bisschen nachdenken.

☐ ______________________________

3 Woher kennst du Gedichte?
Schreibe auf.

aus dem Kindergarten,
____
____
____

Wörter üben

1 Schreibe die Nomen mit Artikel in den passenden Satz.

das Eigentum
~~die Hoffnung~~
die Bremse
der Stoff

Man soll die Hoffnung nie aufgeben.

Bei einem Kissen muss ____________ weich sein.

Regelmäßig muss ____________ überprüft werden.

Die Spielgeräte sind ____________ der Schule.

2 Schreibe die Wörter in den passenden Satz.

streicht
hängt
quälenden
Stamm

Im Garten steht ein Baum mit einem mächtigen ____________ .

Der Bauer ____________ ein Stück Stoff an den Stamm

und ____________ es mit Lavendelduft ein.

Das soll die ____________ Mücken vertreiben.

3 Finde die Verben im Suchsel. Schreibe sie auf und markiere deine Lupenstellen.

wiegen ärgern
spritzen wählen

B	U	T	H	Ä	N	G	I	E	L	O
M	H	W	V	W	Ä	H	L	E	N	S
S	P	R	I	T	Z	E	N	R	P	C
G	Z	E	N	S	T	P	Ü	S	V	D
L	Ä	R	G	E	R	N	C	W	I	F
F	Q	P	N	W	I	E	G	E	N	A

____

____

____

____

4 Welche Wörter sind gemeint? Schreibe sie auf.

das Adjektiv mit **-haft:** ____________

das Adjektiv mit **-lich:** ____________

das Adjektiv mit **-sam:** ____________

das Adjektiv mit **-bar:** ____________

einsam
glaubhaft
kostbar
natürlich

Gedichte kennen und schreiben

1 Was macht man mit diesen Werkzeugen? Verbinde und schreibe die Wortpaare.

 der Hammer
 der Hobel
 die Säge
 die Schaufel

hämmern | schaufeln | hobeln | sägen

der Hobel – hobeln, ______________________

____

2 Was macht man mit diesen Werkzeugen? Verbinde und schreibe die Wortpaare.

 die Axt
 der Besen
 der Zollstock
 die Leiter

messen | aufsteigen | fegen | spalten

Hier gibt es kein verwandtes Verb.

die Axt – spalten, ______________________

____

3 Schreibe ein Handwerks-Gedicht wie das von Paul Maar.

Mit Hämmern kann man ______________ ,
mit Hobeln kann man ______________ ,
mit Schaufeln kann man ______________ ,
mit Sägen kann man ______________ ,
aber mit ______________ kann man nicht ______________ ,
(Äxten / Besen/ Leitern) (axten / besen / leitern)
mit ______________ kann man nur ______________ .
(Äxten / Besen/ Leitern) (spalten / fegen / aufsteigen)

Sägen sägen
Mit Sägen kann man sägen,
mit Riegeln kann man riegeln,
mit Spritzen kann man spritzen,
mit Spiegeln kann man spiegeln,
mit Zügeln kann man zügeln,
in Wiegen kann man sich wiegen,
aber mit Flügeln kann man
nicht flügeln,
mit Flügeln kann man nur fliegen.
Paul Maar

› nach Anregung eigene Texte schreiben: Gedicht
› kreativ und spielerisch mit Sprache umgehen

› Sprachbuch, Seite 46, 47

Wortstamm und Wortfamilien kennen und bilden

1 Schreibe alle Wörter der Wortfamilie hören auf.

das Gehör	der Ohrwurm	Ohr	lauschen
zuhören	hören	flüstern	gehörlos

das ______________________________

2 Kreise den Wortstamm Flieg/flieg und Lauf/lauf farbig ein.
Schreibe die Wörter geordnet auf.

Laufschuh	verlaufen	Fliegengitter	abfliegen
vorfliegen	Laufrichtung	Fliegenfalle	weglaufen

Flieg/flieg
____
____
____
____

Lauf/lauf
____
____
____
____

3 Male die Wörter der Wortfamilien fliegen und fressen mit derselben Farbe an.

fliegen	das Fressen	geflogen
Fresserei	fressen	abgefressen
frisst	gefräßig	der Abflug

4 Schreibe die passenden Wörter der Wortfamilie fressen.

Hier ändert sich der Wortstamm.

Giraffen fressen Blätter. Und wenn ein Ast kahl und ______________ ist, dann suchen sie den nächsten.
Affen zanken sich oft mit anderen Affen um ______________.
In der Freiheit sind Elefanten ______________.
Ein einzelner Elefant ______________ 200 Kilo Gräser, Blätter und Heu. Was für eine ______________!

› Möglichkeiten der Wortbildung kennen
› Wörter strukturieren

› Sprachbuch, Seite 48, 49

Wortbausteine verwenden: -nis, -schaft, -tum

1 Welches Nomen ist gemeint? Schreibe es mit Artikel auf.

die Finsternis
das Geständnis
~~die Erlaubnis~~
das Erlebnis
das Gefängnis
die Wildnis

Das, was man mir erlaubt: die Erlaubnis

Eine Landschaft, die wild ist: ____________

Das, was ich jemandem gestehe: ____________

Wenn es ganz finster ist: ____________

Das, was ich erlebe: ____________

Dort sind manche gefangen: ____________

2 Was ist gemeint? Schreibe die Fachwörter mit **-schaft** und **-tum** auf.

Eine ländliche Umgebung:

die L A N D S C H A F T

Bezeichnet etwas, das heilig ist:

das ☐☐☐☐☐☐☐☐☐

Eine Anwendung von Wissen:

die ☐☐☐☐☐☐☐☐☐☐☐☐

Eine Gruppe, die etwas gemeinsam hat:

die ☐☐☐☐☐☐☐☐☐☐☐☐

Das, was einem reichen Menschen gehört:

der ☐☐☐☐☐☐☐☐

Wenn etwas wächst:

das ☐☐☐☐☐☐☐☐

3 Was ist gemeint? Schreibe das Fachwort auf.

Etwas, was mich hindert: ____________

Alle Menschen, mit denen ich verwandt bin: ____________

Nachgestellte Wortbausteine verwenden: -isch, -haft, -bar

1 Welche Wörter gehören zusammen? Verbinde.

der Typ	England	die Komik	die Optik	die Panik	die Musik
komisch	optisch	typisch	englisch	musisch	panisch

2 Bilde und schreibe Adjektive mit den nachgestellten Wortbausteinen **-haft** und **-bar.**

Achtung,
der Anfangsbuchstabe
ändert sich:
der Dank – dankbar.

-haft	-bar
der Fehler – fehlerhaft	der Dank –
der Ekel –	der Plan –
das Beispiel –	die Sicht –
das Herz –	die Form –

3 Schreibe die verwandten Nomen mit Artikel auf.

das Herz herzhaft	sichtbar	regnerisch
gewissenhaft	furchtbar	himmlisch

4 Schreibe Sätze mit den Wörtern. ↑

› Möglichkeiten der Wortbildung kennen
› Wörter strukturieren

› Sprachbuch, Seite 52

Wortbausteine verwenden: -sam, -los, -voll

1 Welche Wörter gehören zusammen? Verbinde.

färben	biegen	wirken	lieben	enden	folgen
wirksam	farblos	liebevoll	endlos	biegsam	folgsam

2 Bilde und schreibe Adjektive mit den nachgestellten Wortbausteinen **-sam, -los** und **-voll.**

-sam	-los	-voll
der Rat – ratsam	der Grund – grundlos	das Grauen – grauenvoll
das Heil –	der Kampf –	der Wert –
die Furcht –	der Atem –	die Mühe –
die Gewalt –	der Mut –	das Maß –

3 Schreibe die verwandten Nomen mit Artikel auf.

das Grauen grausam	 furchtlos	 freudvoll
 wachsam	 einfallslos	 ausdrucksvoll

4 Schreibe Sätze mit den Wörtern.

Wortstamm kennen und nutzen

1 Schreibe die Wörter mit **Wal- / -wal** oder **Wall- / -wall**.

Wallanlage	Walfamilie	______baby
Burg______	Schutz______	______fänger
______gesang	Erd______	Stadt______
Schloss______	______flosse	______zahn

Ein **Wall** besteht aus Erde oder Steinen. Er kann eine Stadt vor Hochwasser schützen. Früher hat der Stadtwall vor Überfällen geschützt.

2 Lies die Texte halblaut. Ergänze die Wörter richtig.

Höhle / höhle	Manche Hö<u>hl</u>en sind sehr dunkel, eng und kalt. Hö____enforscher untersuchen Aushö____ungen auch unter dem Meeresspiegel. Felshö____en weisen oft Tropfsteine auf.
Hölle/ hölle	Die Hö____e stellte man sich früher als sehr heiß vor. Man hatte eine Hö____enangst vor dem Feuer. Heute benutzt man das Wort „Hö____e“ gern für Übertreibungen wie „Hö____enlärm“ oder „Hö____enqualen“.

3 Schreibe die Wörter geordnet auf.

Höhle / höhle	Hölle / hölle
Höhlen,	Hölle,

4 Fallen dir noch mehr passende Wörter ein? Schreibe sie dazu.

› Rechtschreibstrategien verwenden: Wortstamm beachten
› morphematische Strategie anwenden
› Schreibweise des Wortstamms für Wortfamilie beachten

› Sprachbuch, Seite 54

1 Bilde zusammengesetzte Nomen. Verbinde und schreibe sie auf.

Ball	Spiel
Abfall	Untersuchung
Pappe	Eimer
Fluss	Ufer
Bett	Laken
Kontrolle	Karton

das Ballspiel ______

______

______

______

______

______

2 Kreise die Doppelkonsonanten in den zusammengesetzten Nomen ein.

Beim Zusammensetzen bleiben die Doppelkonsonanten des ersten Wortes erhalten: Mülleimer.

3 Zerlege die zusammengesetzten Nomen. Schreibe beide Nomen mit Artikel auf.

der Sonntag

die Sonne + der Tag ______

der Schlusspunkt

______

der Müllhaufen

______

der Pappbecher

______

das Grillfest

______

der Abfalleimer

______

4 Lies den Text. Finde die Fehler und schreibe richtig. Achte auf die Konsonanten in der Wortmitte.

Am ~~Sontag~~ hat Elsas Familie im Garten Sonntag ______

gefeiert. Nun ist dort ein riesiger Mülhaufen. ______

Alle heben den Dreck vom Grilfest auf. ______

Sie sammeln ihn in einem Abfaleimer. ______

Uno findet einen Papbecher unter dem Tisch. ______

Wortstamm beachten

1 Was ist gemeint? Schreibe das zusammengesetzte Nomen auf.

Ein Band zum Absperren: Absperrband

Ein Fehler, der beim Tippen entsteht: ______

Ein Stuhl zum Klappen: ______

Eine Latte zum Messen: ______

2 Bilde zusammengesetzte Nomen. Verbinde und schreibe die Nomen mit bestimmtem Artikel auf. Achte auf die Großschreibung.

rollen	Vogel
locken	Rad
rennen	Stuhl
backen	Ring
schwimmen	Ofen

Auch bei zusammengesetzten Wörtern bleibt der Wortstamm erhalten: wetten + König: Wettkönig.

locken + Vogel → der Lockvogel

3 Bilde zusammengesetzte Nomen mit den Verben. Schreibe die Nomen mit Artikel auf.

fallen backen knallen

Ofen Blech Körper Schirm ~~Grube~~ Frosch

die Fallgrube,

› Rechtschreibstrategien verwenden: Wortstamm beachten
› morphematische Strategie anwenden
› Schreibweise des Wortstamms für Wortfamilie beachten

› Sprachbuch, Seite 56

Wortstamm beachten

1 Schreibe die zusammengesetzten Nomen mit 2 Farben auf.

Ein Reiniger für Geschirr:
Geschirrreiniger
____

Eine Lampe für den Stall:
____

Eine Schale von der Nuss:
____

Ein Lappen aus Wolle:
____

Eine Folie aus Kunststoff:
____

Eine Liebe für den Fußball:
____

2 Lies die Wörter. Zerlege die zusammengesetzten Nomen und schreibe sie auf.

~~Handballliga~~	Stofffetzen
Schritttempo	Schlusssatz
Stammmannschaft	

der Handball + die Liga → die Handballliga
____
____
____
____
____

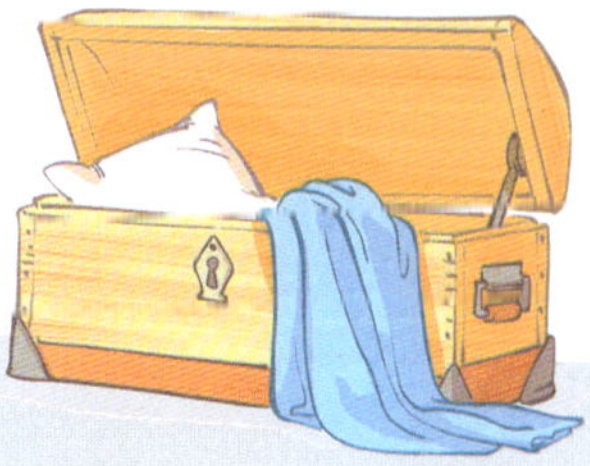

3 Lies den Text halblaut. Ergänze die Wörter passend. Entscheide: **tt** oder **ttt**?

Ins Be_tt_gehen

Früher bewahrte man die Be___wäsche, also das Be___uch und den Be___bezug, in einer Be___ruhe auf. Wenn dann alles frisch bezogen war, konnte man die Be___ruhe besonders genießen. Also, gute Nacht und schlaf gut in deinem Be___chen!

Gedichte schreiben und überarbeiten

1 Schreibe die erfundenen Verben in den passenden Vers.

~~krokodilt~~	krötet	warant	dingot	pinguint	emut	spinnt	igelt

Das Krokodil krokodilt im flachen Fluss.

Der Waran ______________ gern eine Nuss.

Der Emu ______________ viel umher.

Die Spinne ______________: „Das ist nicht schwer."

Der Igel ______________ unter dem Tisch.

Der Pinguin ______________ einen kleinen Fisch.

Die Kröte ______________ in eine Hand.

Der Dingo ______________ im heißen Sand.

2 Lies dein Gedicht halblaut. Stell dir vor, was die Tiere tun.
Übe deinen Gedichtvortrag so, dass man hören kann, wie du es dir vorstellst.

3 Lies. Welches Wort ist richtig geschrieben? Streiche das falsche Wort durch.

Der Biber ~~biebert~~ / bibert ein schönes Haus.
Der Fischotter ottert / otert eine Maus.
Der Hirsch hirscht / hirrscht an der Tanne.
Das Schwein schwaint / schweint lieber in der Wanne.
Der Käfer kefert / käfert an der Hecke.
Die Zecke zekt / zeckt 'ne kleine Schnecke.

› kreativen Text verfassen: Gedicht
› mit Sprache kreativ und spielerisch umgehen

› Sprachbuch, Seite 58, 59

UNTER DER LUPE

1 Kreise die Fehler in den rot unterstrichenen Wörtern ein. Schreibe die Wörter richtig auf.

Achtung, finde die Fehler!

In der Bäckerei

Der Arbeitstag des Bäckers beginnt sondervoll früh. s ______

Schon um 4.00 Uhr steht er in der Bakstube. ______

Viele Geräte erleichtern die Arbeit:

Die Knetmaschine knettet zum Beispiel den Brötchentteig.

______

Mit einem riesigen Kuchenschaber wird der Broteig in große Behelter gefült und gebacken.

______

Das riecht wunder bar. ______

2 Setze die Adjektive richtig zusammen. Verbinde und schreibe die Wörter.

kraft-	-los -haft	wunder-	-voll -los	gewalt-	-haft -sam
acht-	-sam -voll	freud-	-voll -bar	sinn-	-bar -los

______

______

› über Fehlersensibilität und Rechtschreibgespür verfügen
› an Wörtern und Texten arbeiten

› Sprachbuch, Seite 60, 61

1 Lies den Text. Zerlege die zusammengesetzten Nomen in Verb und Nomen. Schreibe die Wörter auf.

Der Lieferwagen bringt früh am Morgen die Blumen. Zuerst wässert die Floristin Bettina die Kletterpflanzen. Dann drahtet sie zarte Stiele mit Bindedraht für die Sträuße. Um die Blumen vor Kälte zu schützen, wickelt Bettina sie in Einschlagfolie. Die Stauden setzt sie in Pflanzschalen.

Lieferwagen: liefern + der Wagen

2 Zähle die Aufgaben der Floristin und ihre Pflanzen auf. Schreibe die Sätze zu Ende.

~~wässern~~ ~~Schnittblumen~~ drahten Kletterpflanzen wickeln pflanzen Topfblumen Schleierkraut gießen schneiden Gestecke düngen

Die Floristin muss die Pflanzen wässern,

In ihrem Laden hat die Floristin Schnittblumen,

3 Bilde aus den Verben Nomen. Schreibe die Wörter.

liefern wachsen leiden

-schaft -ung -tum

› Rechtschreib- und Grammatikwissen anwenden
› grundlegende sprachliche Begriffe und Strukturen kennen
› Sprachbuch, Seite 60, 61

Kapitel 4

haben – wünschen – brauchen

1 Hast du schon einmal geschwindelt?
Was war der Grund dafür? Kreuze an oder schreibe auf.

- [ ] Ich habe etwas kaputt gemacht.
- [ ] Ich bin zu spät gekommen.
- [ ] Ich habe etwas vergessen.
- [ ] Ich habe etwas verloren.
- [ ] ______________________________________

____

2 Was war deine lustigste Schwindelei? Schreibe auf.

____

____

____

3 Hier wird geschwindelt. Verbinde passend.

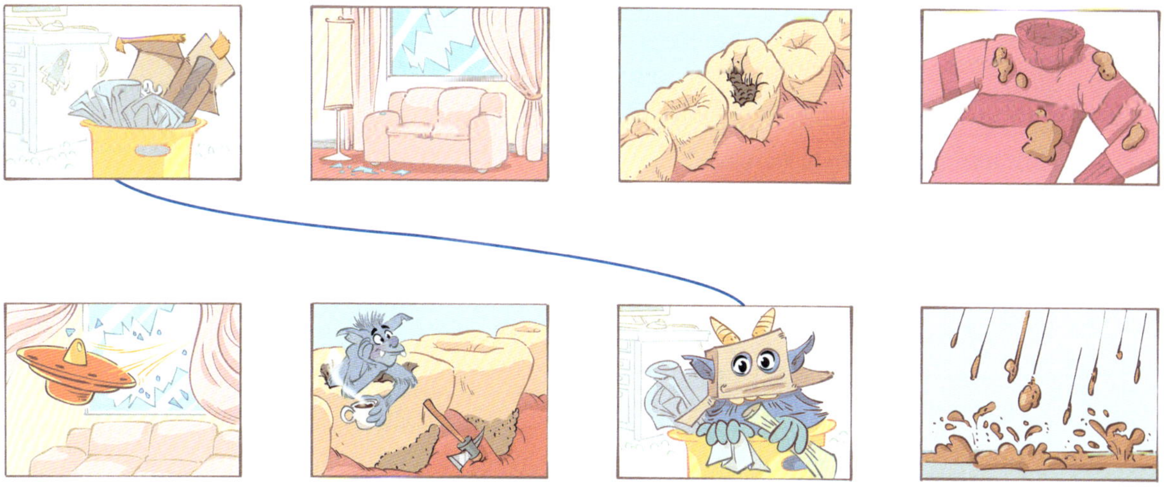

Wörter üben

1 Kreise die Nomen mit Artikel ein und schreibe sie.

der Film traurig das Ungeheuer wahr
das Geheimnis fehlerfrei ehrlich

der Film, ______

2 Schreibe die 4 Adjektive, die übrig geblieben sind. ↑

______

3 Setze zusammen und schreibe die Wörter.

über- treiben ______
über- glücklich ______

un- vorstellbar ______
un- glaublich ______

4 Ordne die Verben nach dem ABC.

schwindeln lügen wünschen erfinden
erzählen glauben lachen können

erfinden, ______

______

5 Schreibe zu jedem Wort einen Satz. Markiere deine Lupenstellen.

fehlerfrei ______

entgegen ______

überglücklich ______

Eine Lügengeschichte planen und schreiben

1 Betrachte die Bilder. Überlege, was passiert sein könnte.
Welcher Satz passt zur Geschichte? Kreuze an.

- [ ] Wie es kam, dass ich ohne mein Sportzeug zur Schule kam.
- [ ] Wie es kam, dass ich meine Hausaufgaben nicht machen konnte.

2 Deine Geschichte braucht Übertreibungen. Ergänze die Geschichte passend.

Ich habe meinen ______________ Turnbeutel einem Känguru
(wunderschönen / kostbaren)
geschenkt. Und das kam so: Ich war auf dem Weg zur Schule.
Da kam ein ______________ Känguru in
(fürchterlich weinendes / laut heulendes)
______________ an mir vorbeigehüpft. Es hatte ein
(meterhohen Sprüngen/panischer Eile)
______________ Baby bei sich. Das ______________
(riesiges / fürchterlich zappelndes) (weinende / jammernde)
Baby sah meinen Turnbeutel und fragte: „Kannst du mir helfen?
Ich will zum Boxen und habe mein Sportzeug vergessen!" Ich gab
meinen Turnbeutel dem Känguru-Baby. Es bedankte sich, indem es
______________. Heute stand in
(mich stürmisch umarmte / mir auf die Wange küsste)
der Zeitung, dass es ______________ im Boxen wurde.
(Weltmeister / Deutscher Meister)

3 Welchen Schlusssatz möchtest du wählen? Kreuze an.

- [ ] Das könnt ihr mir glauben!
- [ ] Ehrlich, genauso ist es passiert!

Verben erkennen

1 Kreise die Verben ein. Es sind insgesamt 8.

trüb wohnst Freude liegt Vogel
trinkt heiß nimmst hungrig gibst
Mut warte Erde läufst weint

Ich mache die Verbprobe:
Ich setze verschiedene Personalpronomen vor ein Wort.
Passt sich das Wort an das Personalpronomen an, ist es ein Verb.

du wohnst ☑
du trüb ☒

2 Schreibe die Verben in der **du**-Form.

wir wohnen –	du wohnst	wir holen –	du
wir trinken –		wir schreiben –	
wir weinen –		wir schwimmen –	
wir liegen –		wir kaufen –	

3 Bei diesen Verben ändert sich der Wortstamm.
Schreibe die passende Grundform dazu.

Ich überlege mir immer die **wir**-Form, wenn ich die Grundform suche.

helfen geben essen ~~haben~~ lesen
sehen schlafen laufen wissen

es hat ihr habt haben	du hilfst ihr helft ______	er isst sie essen ______
sie sieht ihr seht ______	du läufst wir laufen ______	ich weiß ihr wisst ______
er schläft sie schlafen ______	ich lese du liest ______	es gibt wir geben ______

› Funktion von Verben erkennen
› Verben verwenden
› grundlegende sprachliche Begriffe kennen: Grundform

› Sprachbuch, Seite 66

Verben im Präsens und Präteritum verwenden

1 Schreibe zu den Verben im Präsens die richtige Form im Präteritum.

bremste · ~~hustete~~ · regnete · leuchtete · nieste · holte

sie hustet – sie hustete ____ | es leuchtet – es ____

es regnet – es ____ | er holt – er ____

er niest – er ____ | sie bremst – sie ____

2 Verbinde die Präsens-Form mit der Präteritum-Form der unregelmäßigen Verben.

sie zieht	sie trug
er pfeift	sie zog
sie trägt	er schrieb
er schreibt	er pfiff

sie springt	er ritt
er reitet	sie sprang
er wäscht	sie saß
sie sitzt	er wusch

3 Schreibe die Verben in der passenden Personalform im Präteritum auf.

nahmst · riefst · kanntest · fuhren · mochte · ~~wuchs~~ · flog · durfte

wachsen – es wuchs ____ | mögen – ich ____

nehmen – du ____ | dürfen – er ____

fliegen – ich ____ | kennen – du ____

rufen – du ____ | fahren – wir ____

› Funktion von Zeitformen kennen und anwenden
› Verben verwenden
› grundlegende sprachliche Begriffe kennen: Präsens, Präteritum

› Sprachbuch, Seite 67

Verben im Präsens und Präteritum verwenden

1 Lies den Text. In jedem Satz ist ein Verb. Kreise alle Verben ein. Sie stehen im Präsens oder Präteritum.

Elsas Mutter (wollte) schon als Kind ein Pferd. Sie nervte ihre Eltern täglich damit. Ihre Eltern antworteten: „Ein eigenes Pferd bedeutet viel Verantwortung. Wir überlegen es uns noch einmal.“ Elsa malte täglich eine Wunschliste. Sie sagte zu ihren Eltern: „Mama, Papa, ich verspreche euch: Ich helfe euch. Ich versorge das Pferd.“

In diesem Text erkennst du das Präteritum an der Endung **-te**.

2 Schreibe alle Verben nach Zeitformen geordnet auf.

Präsens	Präteritum
bedeutet	wollte
ü	n
v	a
h	m
v	s

3 Verwende die Verben in der passenden Personalform und Zeitform. Schreibe sie auf.

Setze die Verben in der wörtlichen Rede ins Präsens.

Sie rannte (rennt/rannte) in den Garten, aber dort ____________ (wartet/wartete) kein Pferd.

Elsas Eltern ____________ (sagen/sagten): „Wir ____________ (verbinden/verbanden) dir jetzt die Augen!“

Sie ____________ (fahren/fuhren) mit dem Auto los. Als Elsas Mutter die Augenbinde abnahm, ____________ (sehen/sahen) sie im Garten vor Opas Haus ein wunderschönes Holzpferd. „Da ____________ (steht/stand) ja mein Pferd!“, ____________ (freut/freute) sie sich.

› Funktion von Zeitformen kennen und anwenden
› Verben verwenden
› grundlegende sprachliche Begriffe kennen: Präsens, Präteritum

› Sprachbuch, Seite 67

Perfekt kennenlernen

1 Lies Umuts Geschichte und kreise alle 6 Verben im Präteritum ein.

Auf meinem Weg zur Schule (traf) ich eine fleißige Kolonie Ameisen. Mitten auf dem Weg übersah ich ihre Eisbahn. Ich landete ganz schlimm auf dem Rücken. Mit vereinten Kräften halfen die Ameisen mir wieder auf die Beine. Danach lief ich besonders langsam zur Schule. Deshalb kam ich zu spät.

2 Ordne der Präteritum-Form die passende Perfekt-Form zu.

~~ich habe getroffen~~	ich bin gelaufen	sie haben geholfen
ich bin gekommen	ich habe übersehen	ich bin gelandet

ich traf – ich habe getroffen ____ sie halfen – ich ____

ich übersah – ich ____ ich lief – ich ____

ich landete – ich ____ ich kam – ich ____

3 Lies Elsas Geschichte. Kreise alle 4 Verben im Präteritum ein.

Ich (kam) zu spät zur Schule. Denn Schmetterlinge nahmen mir die Vorfahrt. Sie flogen einfach davon. Ich log wirklich nicht.

4 Schreibe die Geschichte so auf, wie Elsa sie erzählt hat. Setze die Verben ins Perfekt.

Ich _bin_ zu spät zur Schule _gekommen_.

Denn Schmetterlinge ____ mir die Vorfahrt ____.

Sie ____ einfach ____.

Ich ____ wirklich nicht ____.

› Funktion von Zeitformen kennen und anwenden
› Verben verwenden
› grundlegende sprachliche Begriffe kennen: Perfekt

› Sprachbuch, Seite 68

Perfekt verwenden

1 Lies die Verb-Formen und kreise ein, was sich außer dem Pronomen noch verändert.

ich (habe) gelesen	ich (bin) gelaufen
du (hast) gelesen	du (bist) gelaufen
er hat gelesen	er ist gelaufen
wir haben gelesen	wir sind gelaufen
ihr habt gelesen	ihr seid gelaufen
sie haben gelesen	sie sind gelaufen

Verben der Fortbewegung werden im Perfekt häufig mit **sein** gebildet:
Ich **bin** gelaufen.

2 Schreibe die Verben in der **du**-Form und der **er**-Form im Perfekt auf.

ich bin gekommen du bist gekommen, er ist gekommen

ich habe gespielt du hast gespielt, er ______

ich bin gesprungen du ______, er ______

ich habe gerochen du ______, er ______

ich bin gekrochen du ______, er ______

3 Male **gelb** an: Verben mit Perfekt-Formen, die mit **haben** gebildet werden.
Male **blau** an: Verben mit Perfekt-Formen, die mit **sein** gebildet werden.
Schreibe die richtige Perfekt-Form.

gehen	ich bin gegangen	riechen	
gießen	ich habe gegossen	finden	
fahren		sehen	
springen		kriechen	

› Funktion von Zeitformen kennen und anwenden
› Verbformen bilden und verwenden
› grundlegende sprachliche Begriffe kennen: Perfekt

› Sprachbuch, Seite 69

Futur kennenlernen

1 Lies, was sich Umuts Familie für das nächste Wochenende vorgenommen hat. Kreise die Verbformen im Futur ein.

Die Zeitform **Futur** wird mit der Personalform von **werden** und einem **Verb in der Grundform** gebildet: Morgen werde ich Lulu besuchen.

2 Lulu überlegt, wie sie später leben will. Lies Lulus Ideen. Kreise die Verben ein. Es sind insgesamt 5 Verben.

In 30 Jahren lebe ich in einem großen Haus. Ich besuche meine Verwandten in Kenia. Von Beruf bin ich Künstlerin. Ich male große Gemälde. Ich verkaufe sie für viel Geld.

3 Schreibe Lulus Ideen in der Zeitform Futur auf.

werde ... leben	werde ... malen	werde ... verkaufen
werde ... besuchen	werde ... sein	

In 30 Jahren __werde__ ich in einem großen Haus __leben__.

Ich ______________ meine Verwandten in Kenia ______________.

Von Beruf ______________ ich Künstlerin ______________.

Ich ______________ große Gemälde ______________.

Ich ____

Wörter mit doppelten Konsonanten schreiben

1 Sprich die Wörter halblaut. Setze – unter den langen Vokal und • unter den kurzen Vokal in der ersten Silbe. Setze die Konsonanten ein.

n / nn	m / mm	t / tt	d / dd	s / ss
So nn e	Ka___el	Tü___e	Pa___el	Rü___el
Schie___e	Nu___er	We___e	Fa___en	Pau___e
Bie___e	Zi___er	Ke___e	Pu___ing	Ro___e
Mä___er	Krü___el	Pu___e	Ru___el	Wi___en

2 Sprich halblaut. Klingt der erste Vokal kurz oder lang? Entscheide, ob du 1 oder 2 Konsonanten schreiben musst.

In meiner Su pp e schwi___en viele Nu___eln. (p/pp, m/mm, d/dd)

Am Hi___el tre___en sich Blitz und Do___er. (m/mm, f/ff, n/nn)

Mit der Flö___e spie___e ich schö___e Lie___er. (t/tt, l/ll, n/nn, d/dd)

Im So___er bre___en die So___enstrahlen vom Hi___el. (m/mm, n/nn, n/nn, m/mm)

3 Schreibe die Verben in der Personalform auf.

~~treffen~~ schwimmen spielen brennen

er: er trifft, er ___

___

du: du triffst, du ___

___

› Lautqualität von Vokalen untersuchen
› Struktur von Silben untersuchen
› grammatisches Wissen für die Rechtschreibung nutzen

› Sprachbuch, Seite 73

Wörter mit doppelten Konsonanten schreiben

1 Sprich die Wörter und achte auf – und • unter dem ersten Vokal.
Schreibe 1 oder 2 Konsonanten. Kreise den Wortstamm ein.

ho__l__en (l/ll) sa__mm__eln (m/mm) ro____en (l/ll) sti____en (m/mm)

2 Entscheide, ob du 1 oder 2 Konsonanten einsetzen musst. Beachte den Wortstamm.

Wenn im Wortstamm ein doppelter Konsonant ist, dann ist er auch in allen Wörtern, die zur Wortfamilie gehören: sammeln, Sammlung, sammelt.

Erho__l__ung (l/ll)	Sa____lung (m/mm)	weggero____lt (l/ll)
Absti____ung (m/mm)	Ro____schuhe (l/ll)	überho____t (l/ll)
gesa____elt (m/mm)	Sti____ung (m/mm)	abho____en (l/ll)

3 Bilde die Grundform. Setze – unter den langen Vokal in der ersten Silbe.
Setze • unter den kurzen Vokal in der ersten Silbe.
Schreibe die Personalform auf und kreise den Wortstamm ein.

	Grundform	Personalform
du so l/ll st	sollen	du sollst
ihr he b/bb t	heben	ihr hebt
du bru m/mm st		du
ihr la s/ss t		ihr
er ma l/ll t		er
ihr e s/ss t		ihr
ihr ru f/ff t		ihr
du re n/nn st		du
sie ho l/ll t		sie

› Sprachbuch, Seite 74

Vokallänge prüfen: Wörter mit ß schreiben

1 Sprich die Wörter halblaut.
Kennzeichne die Vokallänge in der ersten Silbe mit – .

Größe Straße draußen schließen beißen Füße

2 Was fällt dir auf? Kreuze an.

- [ ] Wenn der Vokal lang klingt, folgt **ß**.
- [ ] Wenn der Vokal kurz klingt, folgt **ss**.

3 Sprich die Wörter halblaut. Klingt der Vokal in der ersten Silbe lang oder kurz?
Kennzeichne mit – oder • .

~~reißen~~ ~~wissen~~ draußen messen dreißig Flüsse Klöße
Messer Grüße Schüssel Kasse Schüsse schießen gießen

4 Schreibe die Wörter geordnet auf.

langer Vokal reißen, ______________________________

____

kurzer Vokal wissen, ______________________________

____

5 Sprich die Wörter halblaut. Klingt der Vokal in der ersten Silbe lang oder kurz?
Kennzeichne die Vokallänge mit – oder • . Setze **ß** oder **ss** ein.

hei_ß_en	mü_ss_en	die Fü___e	die So___e
flü___ig	flei___ig	der Se___el	die Kü___e
schlie___en	e___en	die Stra___e	das Wa___er
pa___en	sto___en	die Pä___e	die Sträu___e

› Stammprinzip beachten
› Rechtschreibstrategie verwenden: Vokallänge
› Lautqualität beachten: s-Laut

› Sprachbuch, Seite 75

Vokallänge prüfen: Wörter mit ß schreiben

1 Lies die Sätze und entscheide: **ss** oder **ß**? Schreibe die Wörter richtig auf.

Lügen haben kleine Füße
(~~Füsse~~ / Füße)

Ich ________ (esse / eße) gerne ________ (flüssige / flüßige) ________ (Klösse / Klöße)
aus der ________ (Schüssel / Schüßel). Manchmal ________ (küsse / küße) ich
die ________ (Flossen / Floßen) der ________ (fleissigen / fleißigen) ________ (Walrösser / Walrößer).
Wenn ich ________ (draussen/draußen) ________ (Spässe/Späße) mache,
dann ________ (frisst/frißt) mich der Frosch mit seinem ________ (Rüssel/Rüßel).

2 Ergänze die Sätze.

Wasser ist nicht fest, sondern ________.

Lulu will die Flasche nicht öffnen, sondern ________.

Umut spielt nicht drinnen, sondern ________.

Die Detektive sind nicht faul, sondern ________.

Suche Wörter mit ss und ß.

3 Suche im Bild Wörter mit **ss** und Wörter mit **ß**. Schreibe sie auf.

der Sessel, ________

____

____

Eine Lügengeschichte überarbeiten

1 Lies Elsas Lügengeschichte und die Kommentare der Kinder.

> **Wie es kam, dass ich so eine komische Frisur habe**
>
> Ich glaube, ich war am Donnerstag beim Friseur. Uno musste vor der Tür warten. Das gefiel ihm wohl nicht. Darum fing er an, vor dem Fenster zu singen. Weil nichts passierte, sang er ein zweites Lied. Der Frisör blickte die ganze Zeit zu Uno. Als der Frisör fertig war, schaute ich entsetzt in den Spiegel. „Hm, das sieht ja aus! …“

2 Schreibe Elsas Lügengeschichte verbessert auf.

Wie es kam, dass ich so eine komische Frisur habe

Am Donnerstag war ______________________________.

Uno musste vor der Tür warten. Das gefiel ihm wohl nicht. Darum fing er an,

vor dem Fenster ______________________ zu singen.
ein Liebeslied / einen Rocksong

Weil nichts passierte, sang Uno und ______________________.
drehte sich im Kreis / machte dazu Männchen

Der Frisör blickte die ganze Zeit ______________________ zu Uno.
total geschockt / wie hypnotisiert

Als der Frisör fertig war, schaute ich entsetzt in den Spiegel. „Oje, das sieht

ja ______________________ aus!“ Das ist wirklich so passiert,
komisch / fürchterlich

____.

› Textsorte kennen und verstehen: Lügengeschichte
› nach Anregungen strukturiert schreiben

› Sprachbuch, Seite 76, 77

UNTER DER LUPE

1 Die rot unterstrichenen Wörter sind falsch.
Kreise die Fehler ein und schreibe die Wörter richtig auf.

Achtung, finde die Fehler!

Gestern geschah etwas Unfaßbares. Unfassbares

Ich wolte für Lulu einen Kuchen backen. ____

Zuerst suchte ich ale Zutatten und Küchengeräte zusamen.

____

Dann lass ich das Rezept aufmerksamm durch.

____

Schrit für Schritt mischte ich alle Zutaten mit dem Mixer zu einem glaten Teig. ____

Doch dann verwanndelte sich der Mixer in ein wüttendes Monster.

____

2 Schreibe das Verb **mischen** in allen Personalformen im Perfekt auf.

ich habe gemischt	du ____
er/sie/es ____	wir ____
ihr ____	sie ____

UNTER DER LUPE

1 Kreise alle Verben ein. Es sind insgesamt 6 Verben.

Was (tut) Elsa?
Elsa putzt die Küche blitzblank. Sie schrubbt die Teigreste von den Schränken. Dann poliert sie den Mixer. Sie reinigt die Arbeitsfläche. Zuletzt wischt sie den Boden.

2 Schreibe den Text im Futur auf.

Elsa wird die Küche ______________________

____

____

____

____

3 Ordne die Vergleichsformen der Adjektive richtig zu. Schreibe sie.

mehr am besten höher besser am meisten am höchsten

hoch ______
______
______

viel ______
______
______

gut ______
______
______

4 Setze **ß** oder **ss** ein. Schreibe das Reimwort.

hei___en –  ______________ Grü___e – ______________

Schü___el –  ______________ Ka___e – ______________

flie___en –  ______________ Flü___e – ______________

› Rechtschreib- und Grammatikwissen anwenden
› grundlegende sprachliche Begriffe und Strukturen kennen

› Sprachbuch, Seite 78, 79

Kapitel 5

lesen – hören – sehen

PROJEKTWOCHE FÜR ALLE

Am Samstag präsentieren die Kinder der Grundschule ihre Ergebnisse der Projektwoche zum Thema „Experimente und Erfindungen des Alltags“.
Von 10 bis 16 Uhr können interessierte Kinder in den verschiedenen Klassen- und Fachräumen der Grundschule die Ergebnisse der Projekte bewundern und mitmachen.

1 Berichte informieren über Ereignisse.
In welchen Medien kommen Berichte vor? Kreuze an.

- ☐ Zeitung
- ☐ Nachrichten im Fernsehen
- ☐ Märchenbuch
- ☐ Fantasyfilm
- ☐ Radionachrichten
- ☐ Comic

2 Über welche Ereignisse können Berichte informieren? Schreibe auf.

____

____

____

3 Worüber hast du schon einmal genau berichtet?
Kreuze an oder schreibe.

- ☐ eine Verletzung
- ☐ einen Vorfall in der Schule
- ☐ ein tolles Ereignis aus deinem Leben
- ☐ einen Streit
- ☐ ein Erlebnis im Urlaub
- ☐ eine Beobachtung
- ☐ ________________________________

Wörter üben

1 Markiere deine Lupenstellen. Schreibe die Verben.

passieren stürzen erklären erleben

beobachten geschehen aufnehmen

2 Schreibe die Nomen nach dem ABC geordnet mit Artikel auf.

das Ergebnis	~~die Ärztin~~
der Beweis	der Vorfall

das Ereignis	der Besitz
die Information	der Unfall

die Ärztin

3 Schreibe mit den Wörtern Sätze.

nützlich blass die Kreuzung die Wahrheit die Aussage der Bericht

› Grundwortschatz erweitern und selbstständig üben
› Alphabet als Ordnungssystem nutzen

› Sprachbuch, Seite 82

Einen Bericht planen und schreiben

1 Lies, was die Kinder über die Autorenlesung sagen.

Am Freitag war die **Autorenlesung.** Sie war toll.

Ja, **Henriette Wich** schreibt spannende Kinderbücher und Jugendbücher. Ich liebe ihre Geschichten!

Das neue Buch „Der rätselhafte Hundedieb“, aus dem sie uns **in der Aula** vorgelesen hat, ist so cool. Sie hat **mit verstellter Stimme** gelesen.

Ich glaube, ich leihe mir morgen eines ihrer Bücher aus. **Sie hat unserer Schule ja ein paar Bücher geschenkt.**

2 Unterstreiche mit den richtigen Farben die wichtigen Informationen in den Sprechblasen. Schreibe die Informationen geordnet auf.

Wann hat die Lesung stattgefunden?

am Freitag

Was hat stattgefunden?

______

Wo hat die Lesung stattgefunden?

______

Wer hat die Lesung durchgeführt?

______

Wie ist die Lesung durchgeführt worden?

______

Welche Folgen hat die Lesung?

______

3 Schreibe einen Bericht über die Autorenlesung.

Am Freitag (Wann?) fand ______ (Wo?) eine ______ (Was?) statt.

______ (Wie?) hat ______ (Wer?)

aus dem Buch „Der rätselhafte Hundedieb“ vorgelesen.

______ (Welche Folgen?)

Das Prädikat kennen

1 In diesen Sätzen ist das Prädikat 2-teilig. Lies die Sätze und verbinde das passende Prädikatsteil.

~~zuweisen~~	Die Polizei weist den Detektiven einen Fall	auf.
aufnehmen	Sie nehmen die Spuren	an.
anrufen	Umut ruft Paul	zu.
zuhören	Die Detektive hören den Zeugen genau	zu.

2 Lies. Bilde richtige Sätze mit 2-teiligen Prädikaten. Kreise dann die Prädikatsteile ein.

Lulu – heute Nachmittag – will ... hören – Nachrichten

Lulu will heute Nachmittag Nachrichten hören.

Früher – ein Radio – hat ... gebraucht – man – zum Anhören der Nachrichten

____

______________________________.

Wir – viele Informationen – können ... finden – im Internet

____

______________________________.

Der Computer – viele Geräte – hat ... ersetzt

______________________________.

3 Schreibe einen Satz mit 2 Prädikatsteilen. Kreise die Prädikatsteile ein.

____

____

› Satzglieder kennen: Prädikat
› Funktion von Satzgliedern kennen und anwenden
› grundlegende sprachliche Begriffe kennen: Prädikat

› Sprachbuch, Seite 84

Satzglieder erkennen

1 Bilde mit den Wortkarten Sätze. Jeder Satz soll anders beginnen.
Kreise ein, was vor dem Prädikat steht.

die Detektive | oft | neue Fälle

Die Detektive bearbeiten ______________________.

______ bearbeiten ______________________.

______ bearbeiten ______________________.

2 Kreise in den Sätzen die Prädikate ein. Schreibe die Sätze noch 2-mal auf.
Sie sollen jedes Mal mit einem anderen Satzglied beginnen.

Die Detektive lesen täglich die Nachrichten.

Täglich lesen ______________________

Die Nachrichten lesen ______________________

In der Schule berichten sie alle Neuigkeiten.

____

____

Manchmal helfen die Detektive der Polizei.

____

____

3 Kreise die Satzglieder ein, die vor dem Prädikat stehen können.

Die Detektive lesen täglich die Nachrichten.

In der Schule berichten sie alle Neuigkeiten.

Manchmal helfen die Detektive der Polizei.

Die Prädikate erkennst du mit der Verbprobe.

› Funktion von Satzgliedern kennen und anwenden
› sprachliche Operationen verwenden: Vorfeldprobe, Umstellen

› Sprachbuch, Seite 85

Satzglieder kennenlernen: Subjekt und Prädikat

1 Schreibe die Subjekte. Unterstreiche sie doppelt.

das Telefon die Blumen die Vögel ~~Umut~~

Umut singt unter der Dusche ein Lied.

Seit zwei Minuten klingelt ____________________.

____________________ blühen jeden Sommer.

In den Bäumen zwitschern ____________________.

2 Welches Subjekt passt zum Prädikat? Schreibe die Sätze richtig auf.

Uno ~~Umut und Elsa~~ … **schläft** immer lange.

Uno schläft immer lange.

Paul und Umut Lulu … **lesen** gern Bücher im Bett.

____

Lulu Paul und Elsa … **spielen** mit ihren Haustieren.

____

3 Kreise das Prädikat (rot) ein. Unterstreiche das Subjekt.

Der Radfahrer (hält) an der Ampel. Im Sommer scheint die Sonne.

Den ganzen Abend läuft der Fernseher im Wohnzimmer.

In den Sommerferien kommt Pauls Oma.

4 In diesen Sätzen fehlt entweder das Subjekt oder das Prädikat. Schreibe die Sätze so, dass sie sinnvoll sind.

Achtung, finde die Fehler!

Singt unter der Dusche. ____________________

Umut im Bett. ____________________

› Satzglieder kennen: Subjekt, Prädikat
› Funktion von Satzgliedern kennen und anwenden
› grundlegende sprachliche Begriffe kennen: Subjekt

› Sprachbuch, Seite 86, 87

Satzglieder kennenlernen: Objekte

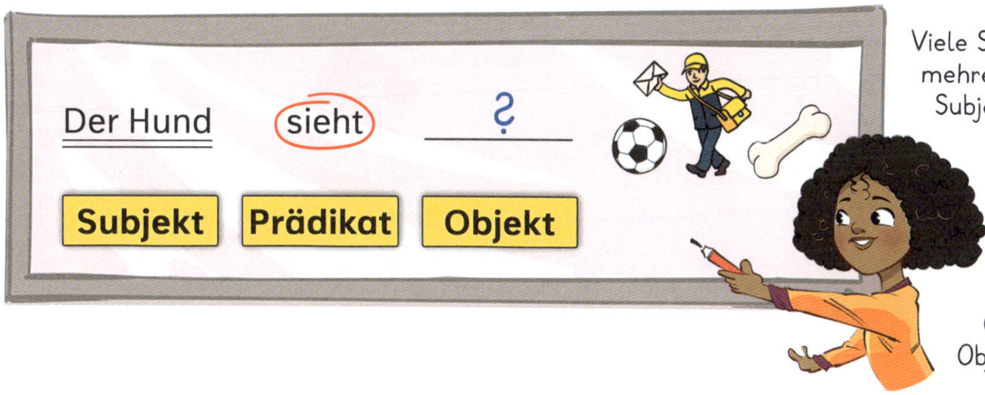

Viele Sätze bestehen aus mehreren Satzgliedern: Subjekt, Prädikat und Objekte.

Ob und wie viele Objekte ein Satz hat, hängt vom Prädikat ab.

1 Verbinde die Satzanfänge mit den passenden Objekten. Schreibe die Sätze auf.

Murmel	kaut		Elsa.
Elsa	fragt		ihre Mutter.
Uno	erwartet		einen Knochen.
Paul	liebt		seine Hündin Murmel.

Murmel kaut einen Knochen.

______________________________.

______________________________.

______________________________.

2 Kreise das Prädikat rot ein, unterstreiche das Subjekt doppelt und das Objekt einfach.

3 Ergänze die fehlenden Objekte. Schreibe die Sätze zu Ende.

Elsa bekommt einen Brief. 

Umut hört ______________. 

Uno holt 
______________________.

Murmel entdeckt 
______________________.

Satzglieder kennenlernen: genauere Bestimmungen

Der Hund sucht seinen Knochen ? . im Garten / seit 20 Minuten

Satzglieder, die Informationen ergänzen, nennt man **genauere Bestimmungen**. Sie können etwas über den **Ort** sagen: Wo? Wohin? Woher? Sie können auch etwas über die **Zeit** sagen: Wann? Wie lange? Seit wann? Wie oft?

1 Welche genaueren Bestimmungen passen zu den Satzanfängen? Verbinde und schreibe die Sätze auf.

Umut und Paul kochen	in Elsas Bett.
Murmel springt	an der Bushaltestelle.
Elsa und Lulu warten	in der Imbissküche.
Uno schläft	über die Mauer.

Umut und Paul kochen in der Imbissküche.

______________________________.

______________________________.

______________________________.

2 Ergänze genauere Bestimmungen. Schreibe die Sätze zu Ende.

seit heute Morgen | stundenlang | um 15.00 Uhr | jeden Samstag

Paul schreibt ______________ einen Brief.
Wie lange?

Murmel tobt ______________ durch den Garten.
Seit wann?

Umut tanzt ______________ mit seiner Tante Tula.
Wann?

Elsa spielt ______________ mit ihrer Freundin.
Wann?

2 Markiere die Satzglieder: Prädikat, Subjekt, genauere Bestimmungen.

Umut hilft am Wochenende im Imbiss. Murmel schwimmt an das Ufer.

Elsa hüpft auf ihrem Bett. Uno liegt nachts in seinem Körbchen.

› Satzglieder kennen: adverbiale Bestimmungen
› Funktion von Satzgliedern kennen und anwenden
› grundlegende sprachliche Begriffe kennen: Bestimmungen

› Sprachbuch, Seite 90

Satzglieder kennen

Uno findet einen Knochen.

Uno findet morgens einen Knochen.
Wann?

Uno findet morgens einen Knochen im Garten.
Wann? Wo?

1 Ergänze die Sätze mit passenden genaueren Bestimmungen.

aus dem Schrank	~~am Montag~~	vor der Haustür	jeden Tag

Paul findet einen Brief.

Paul findet am Montag einen Brief.
Wann?

Paul findet am Montag einen Brief ______________.
Wann? Wo?

Elsa holt das Katzenfutter.

Elsa holt ______________ das Katzenfutter.
Wann?

Elsa holt ______________ das Katzenfutter ______________.
Wann? Woher?

2 Unterstreiche alle genaueren Bestimmungen.
In jedem Satz gibt es eine Zeitangabe oder eine Ortsangabe.

Viele Menschen lesen morgens die Zeitung.
Sie informieren sich täglich.
Auf der ersten Seite hat die Zeitung die wichtigsten Neuigkeiten.
Ich lese die Zeitung im Internet.

3 Schreibe die Sätze ohne die genaueren Bestimmungen auf.

Viele Menschen lesen die Zeitung.

____

____

____

____

Verben und Nomen verlängern

1 Verlängere das Wort, indem du die Grundform bildest. Schreibe die Verben richtig auf.

er fra g/k t → fragen

er ü b/p t — üben – er übt

er zei g/k t ____

er schie b/p t ____

er fra g/k t ____

er kle b/p t ____

er dan g/k t ____

2 Welcher Buchstabe fehlt: **g** oder **k**? Zerlege die Nomen und verlängere den ersten Teil. Schreibe das ganze Wort richtig.

der Flu[g]hafen – fliegen – der Flughafen

der Par[ ]platz – ____ – ____

der Wir[ ]stoff – ____ – ____

3 Welcher Buchstabe fehlt: **d** oder **t**? Zerlege die Nomen und verlängere den ersten Teil. Schreibe das ganze Wort richtig.

das Leich[t]gewicht – die leichte Feder – das Leichtgewicht

der Frem[ ]körper – die ____ Sprache – der ____

das Stran[ ]tuch – viele ____ – ____

4 Kreise die Buchstaben ein, die zur richtigen Schreibweise führen.

5 Verlängere im Kopf. Setze **d** oder **t**, **g** oder **k** richtig ein und schreibe.

Morgens mache ich mir vor dem ____ (Ba▯spiegel) ____ (Flech▯zöpfe)

Opa ____ (zei▯t) mir oft seinen ____ (Bil▯band) über Afrika.

Er ____ (den▯t) gern an diese Zeit zurück.

Am Wochenende besuchen wir eine ____ (Bur▯ruine).

› Rechtschreibstrategien verwenden: Verlängern
› Wörter mit Auslautverhärtung richtig schreiben
› über Fehlersensibilität verfügen

› Sprachbuch, Seite 92, 93

Wörter mit s-Laut am Ende schreiben

Nach einem **kurzem Vokal** schreibt man **-ss**.

der Schlu s / ss → der Schluss

1 Sprich die Wörter halblaut. Kennzeichne die Vokallänge mit – oder • .

der Spaß ~~die Nuss~~ der Biss das Gras
der Schluss das Maß nass der Stress
er muss heiß das Glas

2 Schreibe nur die Wörter mit kurzem Vokal auf: • .
Es sind insgesamt 6.

-ss die Nuss, ______

______

______

Nach einem **langen Vokal** schreibt man -s oder -ß.
Ich verlängere das Wort,
dann höre ich es summen oder zischen.

das Los → die Lose
der Gruß → die Grüße

3 Verlängere die Wörter mit langem Vokal. Schreibe sie geordnet auf.

~~der Gru■~~ ~~das Ga■~~ der Bewei■ hei■ der Prei■ der Fu■ sü■ das Gla■

-s die Gase, ______

______

-ß die Grüße, ______

______

4 Schreibe Sätze mit Wörtern von dieser Seite.

______

______

______

______

› Rechtschreibstrategien verwenden: Verlängern, Vokallänge
› Lautqualität überprüfen
› über Fehlersensibilität verfügen

› Sprachbuch, Seite 94, 95

Einen Bericht überarbeiten

1 Hier stimmt etwas nicht. Lies den Bericht genau.

Achtung, finde die Fehler!

Diebstahl auf dem Flohmarkt

Die Grundschule veranstaltete am Samstag einen Flohmarkt auf dem Schulhof. Juchhu!
Ich habe mich riesig darauf gefreut. Der Erlös sollte dem Tierheim gespendet werden. Ich finde Hunde so süß!
Elsa und Paul verkauften altes Hunde-Spielzeug.
Sie sammelten super viel Geld.
Am Abend merkten sie, dass ihr gesamtes Geld verschwunden war.
Elsa weinte: „So eine Gemeinheit!"
Jemand stahl das Geld wahrscheinlich. Deshalb spendeten sie dem Tierheim etwas von ihrem Taschengeld.

2 Einige Wörter und Sätze gehören nicht in einen Bericht. Schreibe den Bericht sachlich auf.

Diebstahl auf dem Flohmarkt

Meine Grundschule veranstaltete am Samstag einen Flohmarkt auf dem Schulhof.

____

____

____

____

____

____

____

3 Unterstreiche die wichtigen Informationen:
Wann? Was? Wo? Wer? Wie? Welche Folgen?

das

› Text an der Schreibaufgabe überprüfen
› Text sprachliche und inhaltlich optimieren

› Sprachbuch, Seite 96

UNTER DER LUPE

1 Lies die Sätze. Kreise in den rot unterstrichenen Wörtern die Fehler ein. Schreibe die Wörter richtig auf.

Achtung, finde die Fehler!

Pauls Tante hat ihm einen Biltband über Riesenschiltkröten geschenkt.

Die Tiere sind rießengroß, bärenstark und langlebik.

Das Mas ihrer Panzer beträkt oft mehr als einen Meter.

Es gipt Schildkröten, die ohne Nahrung und Flüßigkeit lange leben.

Während einige gern Grass fressen, zerkleinern andere mit einem Biß sogar Kakteen.

Das ist wichtig, da sie so Waser zu sich nehmen können, wenn es bloss diese Möglichkeit gibt.

2 Unterstreiche die Objekte in diesen Sätzen.

Paul besucht sehr oft das Naturkundemuseum.
Er liebt die Dinosaurier in der Eingangshalle.

3 Kennzeichne alle Satzglieder:

Paul liest in seiner Freizeit Sachbücher.
Er schaut lustige Filme im Internet.

› Sprachbuch, Seite 98, 99

UNTER DER LUPE

1 Schreibe die richtigen Wörter.

Strategie bei Wörtern mit s, ss oder ß

Ich prüfe die Vokallänge. Ist der Vokal (der Vokal / die Silbe) kurz, schreibe ich das Wort mit **-ss**. Bei einem langen Vokal ______ (verkürze / verlängere) ich das Wort.

Ich höre, ob der **s**-Laut summend oder zischend klingt.

Bei einem ______ (zischenden / summenden) **s**-Laut schreibe ich **-s**.

Bei einem ______ (zischenden / summenden) **s**-Laut schreibe ich **-ß**.

2 Welche Erklärung für die Schreibweise passt? Kreuze an.

		Das Wort schreibt man mit ...
Gla**s**		**-s**, weil der Vokal davor kurz ist.
		-s, weil der Vokal davor lang ist und man beim Verlängern einen summenden **s**-Laut hört.
hei**ß**		**-ß**, weil der Vokal davor lang ist und man beim Verlängern einen zischenden **s**-Laut hört.
		-ß, weil der Vokal davor kurz ist.
Fa**ss**		**-ss**, weil der Vokal davor lang ist und man beim Verlängern einen summenden **s**-Laut hört.
		-ss, weil der Vokal davor kurz ist und man beim Verlängern einen zischenden **s**-Laut hört.

3 Welche Strategie hilft beim Verbessern? Kreuze an und schreibe.

Achtung, finde die Fehler!

			Richtig ist:
Paul liept Reptilien.	X		liebt
Er beobachtet sie im Zoo und am Flußufer.			
Er treumt davon, in einigen Jahren Tierpfleger zu werden.			

› Rechtschreib- und Grammatikwissen anwenden
› grundlegende sprachliche Begriffe und Strukturen kennen

› Sprachbuch, Seite 98, 99

Kapitel 6

träumen – fragen – nachdenken

1 Wo hast du schon einmal ein Interview gelesen, gesehen oder gehört? Kreuze an oder schreibe auf.

- ☐ im Radio
- ☐ im Fernsehen
- ☐ im Internet
- ☐ in der Zeitung
- ☐ ______________________________

2 Wann und wozu führt man Interviews? Kreuze passende Antworten an.

- ☐ um etwas über eine bestimmte Person zu erfahren
- ☐ um zu erfahren, wie spät es ist
- ☐ um mehr über ein Thema zu erfahren

3 Wen würdest du am liebsten interviewen? Was würdest du fragen? Schreibe auf.

Diese Person würde ich befragen: ______________________________

Das würde ich fragen:

– ______________________________

– ______________________________

Wörter üben

1 Schreibe die Nomen nach Artikel geordnet auf. Markiere deine Lupenstellen.

die Zeitung · das Interview · ~~der Unterricht~~ · die Pünktlichkeit
der Beruf · die Idee · der Text · das Lob · der Lehrer · das Radio

Nomen mit **der**: der Unterricht, ______

Nomen mit **die**: ______

Nomen mit **das**: ______

2 Kreise die Verben ein. Schreibe nur die 7 Verben auf.

beginnen · grüßen · richtig · vortragen · kennen
deutlich · treffen · begrüßen · besser · vorschlagen

Verben ______

3 Schreibe die 3 Adjektive auf, die übrig geblieben sind.

Adjektive ______

4 Schreibe mit den Wörtern Sätze.

jemand · das Interview · die Idee

______

______

______

› Grundwortschatz erweitern und selbstständig üben › Sprachbuch, Seite 102

Ein Interview planen

1 Welche Fragen könnten die Kinder den Personen stellen?
Lies und schreibe 1, 2, 3 und 4 zu den richtigen Personen.

Welche Tiere mögen Sie am liebsten und warum? (1)

Hatten Sie schon einmal einen Rettungseinsatz? (3)

Was macht Ihnen beim Backen besonderen Spaß? (2)

Führen Sie viele Operationen durch? (4)

2 Lies und bringe die Fragen in eine sinnvolle Reihenfolge.
Schreibe 2, 3 und 4 in die richtigen Sprechblasen.

( ) Was machen Sie zuerst, wenn Sie morgens die Backstube betreten?

( ) Was war das Außergewöhnlichste, das Sie bisher gebacken haben?

(1) Wann müssen Sie nachts aufstehen?

( ) Was war daran besonders schwierig und außergewöhnlich?

3 Schreibe 3 weitere Fragen an die Bäckerin.

____

____

____

Ein Interview planen und vorbereiten

1 Bereite dein Interview mit der Bäckerin vor.
Ergänze die Sätze im Schreibplan.

- Begrüßung Guten Tag, ______.
Sie sind von Beruf ______
und arbeiten ______
- Dauer Wie lange arbeiten ______
______
- Aufgaben Welche Aufgaben ______
______
- Lieblingstätigkeit Was ist ______
______
- Arbeitstag Erzählen Sie bitte, wie ______
______
- Hobbys Welche Hobbys ______
______
- ______
______
- Verabschiedung Ich bedanke ______
______

› gemeinsames Vorhaben planen
› Lernergebnisse geordnet festhalten

› Sprachbuch, Seite 103, 104

Offene und geschlossene Fragen kennen

1 Lies das Interview zwischen Elsa und Frau Kehr.

Elsa	Frau Kehr
Mögen Sie Ihren Beruf, Frau Kehr?	Ja, sehr.
Arbeiten Sie schon lange als Reinigungskraft?	Ja.
Ist es bei Ihnen zu Hause auch immer so sauber?	Na, klar.
Hilft Ihnen zu Hause ein Staubsauger-Roboter?	Nein.
Ärgern Sie sich manchmal über unseren ganzen Dreck?	Hin und wieder schon.

2 Lies den Text. Wieso konnte Elsa nur wenig über Frau Kehr erfahren? Ergänze den Lückentext passend.

~~offene~~ | Offene Fragen | erzählen | geschlossene | Geschlossene Fragen

In einem Interview kann man offene oder g__________ Fragen stellen. G__________ __________ kann man mit Ja oder Nein beantworten. O__________ __________ beginnen mit einem Fragewort: Wer? Wie? Was? Warum? Wodurch? Dadurch kann der Interviewpartner mehr e__________.

3 Verbinde die Satzteile zu sinnvollen offenen Fragen.

Wie lange	mögen Sie an Ihrem Beruf?
Was	arbeiten Sie schon als Reinigungskraft?
Warum	besonderen Tricks haben Sie beim Putzen?
Welche	ärgern Sie sich manchmal über uns Kinder?

Ein Interview durchführen

1 Lies die Antworten aus dem Interview zwischen Elsa, Umut und der Sportlehrerin, Frau Brühl.

1. Ich bin noch nicht sehr lange hier an dieser Schule. Erst seit 2 Jahren.
2. Sport ist ein wichtiges Unterrichtsfach. Kinder brauchen auch Bewegung, da sie den ganzen Schultag hauptsächlich sitzen und arbeiten.
3. Am liebsten unterrichte ich Handball und Hockey.
4. Weil ich Ballsportarten für Kinder wichtig finde, da man im Team spielt und nicht allein ist.
5. In meiner Freizeit lese ich viel oder arbeite im Garten.
6. Ich jogge und schwimme auch gern.

2 Welche Fragen haben Elsa und Umut wohl gestellt? Ordne die Nummern der Antworten den passenden Fragen zu.

- ( ) Warum sind Sie Sportlehrerin geworden?
- (1) Wie lange arbeiten Sie schon an dieser Schule?
- ( ) Welche Sportarten unterrichten Sie am liebsten?
- ( ) Was machen Sie in Ihrer Freizeit?
- ( ) Welche Sportarten machen Ihnen am meisten Spaß?
- ( ) Warum unterrichten Sie gerne Ballsportarten?

3 Was könnten Elsa und Umut Frau Brühl noch fragen? Schreibe auf.

___

___

___

___

› offene Fragen kennen und anwenden
› Lerninhalte geordnet festhalten

› Sprachbuch, Seite 106

Ein Interview überarbeiten

1 Lulu und Paul haben ein Interview mit dem Schulkoch, Herrn Köstlich, durchgeführt. Sie haben seine Antworten in Stichpunkten aufgeschrieben.
Sie wollen das Interview auf der Schulhomepage veröffentlichen.
Schreibe die Antworten in ganzen Sätzen auf.

Frage: Herr Köstlich, was mögen Sie an Ihrem Beruf?
HK: macht Spaß etwas Leckeres zuzubereiten, andere freuen sich über mein Essen, freut mich, wenn es anderen schmeckt

Mir macht es Spaß, etwas Leckeres zuzubereiten. Es ist schön, wenn

Es freut mich, wenn

Frage: Wie lange arbeiten Sie schon als Koch?
HK: seit ungefähr 12 Jahren

Ich arbeite

Frage: Haben Sie schon immer an unserer Schule gearbeitet oder auch schon mal in einem Restaurant?
HK: Ausbildung in einem Restaurant, seit 6 Jahren an der Schule

Meine Ausbildung habe

Seit

Frage: Wie kam es dazu, dass Sie für Kinder kochen wollten?
HK: gesunde Ernährung für Kinder wichtig

Wörtliche Rede kennen und verwenden

1 Lies halblaut und überlege, wie die Kinder sprechen. Schreibe in die Begleitsätze das passende Verb aus dem Wortfeld **sprechen**.

Wortfeld sprechen

~~freut sich~~ überlegt ruft
fragt stöhnt fordert auf

Elsa freut sich: „Toll, dass wir eine Abschlusszeitung herstellen!“

Umut ______________ Wenn man nur nicht so viel schreiben müsste!

Lulu ______________ Wer wird unsere Zeitung wohl lesen?

Paul ______________ Ob wir rechtzeitig fertig werden?

Elsa ______________ Wir haben noch sehr viel Arbeit vor uns!

Umut ____________________ Dann sollten wir jetzt gleich anfangen.

2 Setze die Zeichen der wörtlichen Rede ein.

Wenn der Begleitsatz **vor** der wörtlichen Rede steht, musst du diese **Satzzeichen** setzen:
Begleitsatz : „wörtliche Rede . ! ? “

3 Bilde Sätze mit wörtlicher Rede. Überlege dir passende Begleitsätze und denke an alle Satzzeichen.

Wortfeld sprechen

~~verkündet~~
meint
überlegt
fragt
ruft

Lulu verkündet: „Ich werde von allen Kindern Fotos machen.“
____
____
____
____
____
____

Wörtliche Rede mit nachgestelltem Begleitsatz kennen

Wenn der Begleitsatz **nach** der wörtlichen Rede steht, dann musst du diese **Satzzeichen** setzen:
„ Aussagesatz “ , Begleitsatz .
„ Fragesatz ? “ , Begleitsatz .
„ Ausruf/Aufforderung ! “ , Begleitsatz .

1 Lies die Sätze aufmerksam. Kreise alle Satzzeichen ein. Unterstreiche die Begleitsätze.

„Unsere Abschlusszeitung ist bald fertig“, sagt Elsa stolz.

„ Wie soll sie denn heißen ? “ , fragt Lulu .

„ Ich habe eine Idee ! “ , ruft Paul .

2 Lies das Gespräch und unterstreiche die Begleitsätze. Es sind insgesamt 5.

„Wie gefällt euch das Ende meiner Geschichte?“, fragt Moritz.
Du solltest noch erklären, wie es zu der Auflösung des Rätsels kam _schlägt Aaron vor_
Ja, und dann möchte ich noch wissen, wie es den Kindern am Ende geht _ meint Emil_
Verbessere doch beides _ _fordert Ferdi_
Schade, dass wir nicht von allen Kindern Geschichten veröffentlichen können _bedauert Anton_

3 Setze die Zeichen der wörtlichen Rede und die Satzschlusszeichen ein.

4 Bilde Sätze mit wörtlicher Rede und nachgestelltem Begleitsatz. Schreibe.

„Denkt an die Zeit!“, fordert Lulu auf.

___

___

___

Wörtliche Rede verwenden

1 Setze die Zeichen der wörtlichen Rede und die Satzschlusszeichen ein.

Johanns Vater ruft bei Johanns Freund Kalle an. Er bittet ihn _:_
„Sag doch bitte Johann, dass er nach Hause kommen soll_._ _“_
_ Aber wir spielen gerade! Warum denn so früh_ _ _fragt Kalle
erstaunt_ Da stöhnt der Vater_ _Ich komme mit Johanns
Hausaufgaben einfach nicht zurecht_ _

Der Begleitsatz ist unterstrichen.

2 Lies den Comic.

3 Vervollständige den Witz mit Sätzen in wörtlicher Rede.
Setze die Satzzeichen und die Zeichen der wörtlichen Rede ein.

Ein Polizist hält ein Auto an, das viel zu schnell unterwegs ist. Der Polizist sagt zur Fahrerin : „ ______________________________

____

______________________ entgegnet die Fahrerin. Der Polizist fragt erstaunt ____________ ______________________

______________________________ erwidert die Fahrerin.

› Satzzeichen setzen: Zeichen der wörtlichen Rede
› unterschiedliche Satzarten kennen

› Sprachbuch, Seite 111

Worttrennung am Zeilenende anwenden

1 Auf den Bildschirmen sind die rot unterstrichenen Wörter falsch getrennt. Verbessere sie. Schreibe und trenne da, wo es möglich ist.

Beachte die Trennungsregeln:

Trenne **zwischen Silben**: Hun-de-lei-ne.

Trenne **nie einzelne Vokale** am Anfang oder am Ende ab: der Uhu.

Trenne **vor ch, ck** und **sch**: bre-chen.

Trenne **zwischen tz**: set-zen.

der Uhu, der

2 Trenne die Wörter nach den Trennungsregeln mit Silbentrennstrichen. Schreibe.

~~naschen~~ Zuckerstange verpacken sitzen Igel Fische Hundehalsband

na-schen,

3 Trenne die unterstrichenen Wörter nach den Trennungsregeln. Schreibe sie mit Silbentrennstrichen auf.

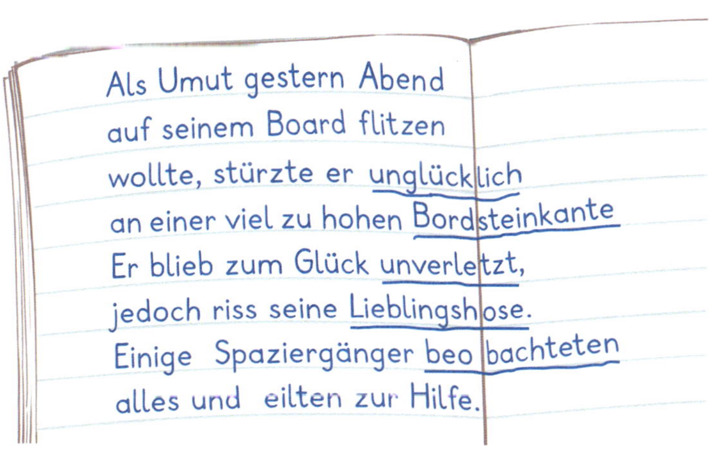

un-glück-lich

ÜBER MICH

Das ist mein Lieblingsdetektivkind: ....

....

....

Das war mein Lieblingsthema:

....

....

....

....

Das fand ich besonders lustig:

....

....

....

Das habe ich dieses Jahr mit Passwort Lupe gelernt:

....

....

Das ist mir nicht so leicht gefallen:

....

....

Das mochte ich gar nicht: ....

....

Darauf bin ich besonders stolz: ....

....

....

....

Das bin ich:

....

....

....

....

....

Diesen Text von mir finde ich besonders gut:

....

....

....

UNTER DER LUPE

1 Kreise die Fehler in den rot unterstrichenen Wörtern und Satzteilen ein.
Schreibe die Sätze richtig auf.

Achtung, finde die Fehler!

Die Kinder der vierten Klasse erstellen eine Abschlußzeitung.

Die Kinder der ______________________________

____

Dafür machen sie ein Intervju mit ihrem Leerer.

____

Sie befragen in nach seinen Lieblingfilmen und seinen Hobbys.

____

____

Auf die Frage, warum er eigentlich nie beim Versteken mitspielt, antwortet Der Sportlehrer: Würdet ihr mich denn suchen?“

____

____

____

2 Unterstreiche die Redebegleitsätze.
Setze die Zeichen der wörtlichen Rede ein.

Elsa und Umut fragen Wie lange arbeiten Sie schon an unserer Schule Ich unterrichte hier schon seit 15 Jahren antwortet der Sportlehrer. Elsa fragt Welche Sportart unterrichten Sie am liebsten Ich unterrichte am liebsten Handball und Schwimmen antwortet der Sportlehrer.

› über Fehlersensibilität und Rechtschreibgespür verfügen
› an Wörtern und Texten arbeiten

› Sprachbuch, Seite 112, 113

UNTER DER LUPE

1 i oder **ie**? Setze Silbenbögen. Schreibe richtig.

Br_ie_fe	K_i_nd	S___be	P___nsel	W___nter
W___nd	Fl___ge	Z___ge	R___ng	L___der

2 i oder **ie**? Schreibe richtig. M

Ros_i_ne	S_ie_be	Br___fe	Krokod___l	L___der
Fl___ge	Gard___ne	Z___ge	Masch___ne	B___ber

3 Löse das Rätsel. Schreibe.

Dritter Monat: M — M ä r z

Australisches Beuteltier: M — K ___ ___ ___ ___ ___ ___

Tag zwischen gestern und morgen: — h ___ ___ ___ ___

Es ist nicht früh, sondern: M — s ___ ___ ___

Eine Schwellung am Kopf: — B ___ ___ ___ ___

Das hängt am Mast eines Schiffes: — S ___ ___ ___ ___

Lösung: R________________

4 Färbe die Sätze: blau für Präsens, grün für Präteritum, rot für Perfekt.

Die Kinder sind mit dem Bus gefahren.	Die Kinder fahren mit dem Bus.
Die Kinder fuhren mit dem Bus.	Die Kinder machen eine Pause.
Die Kinder haben eine Pause gemacht.	Die Kinder machten eine Pause.

› Rechtschreib- und Grammatikwissen anwenden
› grundlegende sprachliche Begriffe und Strukturen kennen

› Sprachbuch, Seite 116, 117